beck'sche reihe

bsr

Klöster sind bis heute Orte der Ruhe und Besinnung. Immer mehr Menschen – und nicht nur Christen – nutzen das Angebot, einige Tage im Kloster zu verbringen, um Abstand von der «Welt» zu gewinnen. Wann und warum entstanden überhaupt Klöster? Welche unterschiedlichen Lebensformen gibt es dort? Wie ernährt man sich? Haben Mönche persönliches Eigentum, und machen sie Urlaub? Wie wird man eigentlich Nonne oder Mönch? Diese und andere Fragen zur Geschichte und Gegenwart der Klöster beantwortet Petra Altmann präzise, kenntnisreich und für jeden verständlich. Einige Antworten beruhen auf intensiven Gesprächen mit Abtprimas Notker Wolf über Führungsaufgaben, Nachwuchssorgen, Spiritualität und Musik in Klöstern heute.

Petra Altmann, Dr. phil., Kunsthistorikerin und Publizistin, verbringt seit vielen Jahren regelmäßig Tage und Wochen in Klöstern. Sie hat zahlreiche Bücher zum Klosterleben publiziert, u. a. «klarheit, ordnung, stille» (mit Pater Anselm Grün, 2007) und «Leben nach Maß» (mit Abt Odilo Lechner, 2009). Sie wurde 2010 mit dem «Premio Donne Eccellenti» ausgezeichnet. Weitere Informationen unter www.dr-petra-altmann.de

Petra Altmann

Die 101 wichtigsten Fragen

Orden und Klosterleben

Mit Antworten von Abtprimas Notker Wolf

Verlag C.H.Beck

Mit 23 Abbildungen

Originalausgabe

Satz: Fotosatz Amann, Aichstetten
Druck u. Bindung: Druckerei C.H. Beck, Nördlingen
Umschlaggestaltung: malsyteufel, willich
Umschlagabbildung: Kreuzgang des Augustiner-Klosters San Millán de la Cogolla, Spanien, © J.D. Dallet / AGE / F1online
ISBN 978 3 406 61381 4
Printed in Germany

www.beck.de

Inhalt

Ordensleben heute 37

Vorwort

Klöster haben Konjunktur. Viele Menschen tragen sich mit dem Gedanken, einmal ein paar Tage hinter Klostermauern zu verbringen, darunter auch solche, die bisher mit Orden und Klosterleben nichts zu tun hatten. So mancher, der früher jeden Kontakt zu Nonnen oder Mönchen gescheut hätte, «wagt» sich zu einem Wochenende oder zu Einkehrtagen in ein Ordenshaus. Dabei wird er zunächst feststellen, dass man keinen Nachweis der Mitgliedschaft in einer christlichen Kirche mitbringen und kein Glaubensbekenntnis ablegen muss – und dass auch niemand versuchen wird, ihn zu missionieren. Vielmehr wird der Besucher Erstaunliches entdecken: Ordensleute haben «Bodenhaftung», sie sind keine abgehobenen, in den Wolken schwebenden Wesen, sondern stehen mit beiden Beinen im Leben. In ihrem ganz speziellen Leben, aber auch in unserem. Klöster sind autark, haben Unternehmen, Wirtschaftsbetriebe, Gästehäuser. Mönche und Nonnen sind Manager, Betriebsleiter, Vorgesetzte und manchmal auch Angestellte außerhalb der Klöster.

Durch den Kontakt mit dem Klosterleben ergeben sich viele Fragen. Auch wer noch nicht im Kloster war, wird sich, wenn er auf Ordensmann oder -frau trifft beziehungsweise den einen oder anderen prominenten Ordensvertreter in den Medien sieht, so manche Fragen stellen, beispielsweise: Ist das Ordensleben überhaupt noch zeitgemäß? Wie hat es sich entwickelt? Wie kann man in unserer Konsumgesellschaft noch die klösterlichen Gelübde – Gehorsam, ehelose Keuschheit und Besitzlosigkeit – leben?

Klöster sind Teil unserer Gesellschaft, und dennoch wissen viele von uns kaum etwas über ihre Geschichte und die Lebensform ihrer Bewohner. Dieses Buch kann sicherlich nicht Antworten auf alle Fragen bieten. Es soll und will kein Kompendium zur Geschichte des christlichen Mönchtums sein. Es ist kein Buch, das man von A bis Z durchlesen muss, aber doch immer wieder zur Hand nehmen kann. Ein Buch, das Einblicke geben möchte in das Leben nach den ewigen Gelübden, in die Gestaltung des Klosterlebens im einundzwanzigsten Jahrhundert und in die Aufgaben, denen sich die Orden in unserer heutigen Zeit zu stellen haben.

Mit diesem Buch möchte ich Sie neugierig machen und vielleicht den einen oder anderen Leser dazu anregen, selbst einmal die Klosterpforte zu durchschreiten und sich für ein paar Tage auf die Ordensleute und das Ordensleben einzulassen. Vielleicht ergibt sich dabei die eine oder andere Frage, die in diesem Buch beantwortet wird. Viel Freude dabei wünscht Ihnen

Petra Altmann

Wie alles entstand: Zur Geschichte der Orden und Klöster

1. Wer waren die ersten Mönche? Mönchtum ist nicht auf das Christentum beschränkt und beginnt auch nicht mit diesem. Vielmehr gab es schon vorher in vielen Religionen und Kulturkreisen monastisches Leben, auch im Judentum. Der Begriff «Mönch» bedeutet «Einsiedler» (griechisch *monachos* = der Alleinlebende). Ursprünglich war damit jeder asketisch lebende und um Vollkommenheit ringende Mensch gemeint. Meist waren dies besitz- und ehelose Männer, deren Zielsetzung rein religiös war. Der Begriff taucht zuerst im Psalmenkommentar des Eusebius von Caesarea (260/64–339/40) und bei Johannes Kassian (um 360 – um 435) auf. Entscheidend für die Entwicklung des christlichen Mönchtums war Origenes (185/86–254). Für ihn waren die Einsiedler, die in die Wüste gingen, um ihre Schwächen zu besiegen, Mitkämpfer Christi. In der Einsamkeit widmeten sich die ersten Mönche nahezug vollständig dem Gebet und der Suche nach Gott.

Die Bezeichnung «Mönch» wurde seit dem Ende des dritten Jahrhunderts für die Eremiten gebräuchlich. Zwischen dem dritten und dem sechsten Jahrhundert bevölkerten zahllose Mönche die Wüsten Ägyptens und Syriens. Antonius (der Große) war der erste der sogenannten «Wüstenväter»; er zog um 270 in die Steppe. Diese Landschaft übte auf Menschen, die einen spirituellen Weg gehen wollten, eine besondere Faszination aus – sie galt als Ort der Dämonen. Durch ihre Anwesenheit wollten die Mönche das Dunkel der bösen Mächte besiegen und das Licht Christi aufscheinen lassen. Die Wüstenväter zogen viele Menschen an. Diese erhofften sich von den Mönchen Weisungen für ihr Leben. Seit etwa 370 fasste das Mönchtum im Abendland Fuß, es wurde populär durch die Übersetzung der Vita des Antonius durch den griechischen Schriftsteller Evagrius Ponticus (345–399), die um 357 entstand.

2. Wann entstanden die ersten christlichen Orden? Gleichgesinnte Mönche bildeten im Laufe des dritten Jahrhunderts erste

Romantisierende Darstellung eines Mönchs, der in einer Einsiedelei lebt. Hier soll seine Verbundenheit mit der Natur dokumentiert werden, in der ihm nur Tiere Gesellschaft leisten. Wenn er nicht ins Gebet versunken ist, vertreibt er sich die Zeit mit Musik.

kleine Lebensgemeinschaften. Dort wurde für alle gesorgt, so dass sich jedes Mitglied voll dem Dienst an Gott widmen konnte. Der Einzelne durfte keinen Besitz haben, die Gemeinschaft aber schon. Den Lebensgemeinschaften standen bereits damals Äbte vor (griechisch *abbas* = Vater). In der Ostkirche Kleinasiens entwickelte sich das Mönchtum nach den Regeln des heiligen Basilius (des Großen, um 330–379). Mönche, die seiner Lehre folgten, wurden auch Basilianer genannt (siehe auch Frage 3). Von besonderer Bedeutung war zudem die Regel des Aurelius Augustinus (354–430), die er um 397 in Nordafrika entwickelt haben soll. Mehr als hundert Jahre später, um 534, soll Benedikt von Nursia für seine Mönchsgemeinschaft auf dem Monte Cassino bei Rom eine Regel niedergeschrieben haben, nach der seine Mitbrüder ihr Gemeinschaftsleben und ihren Alltag organisieren sollten. Ob Benedikt tatsächlich Autor der Schrift war, ist heute umstritten. Mit der Regel sollte jedenfalls ein schriftliches Fundament auch für spätere Mönchsgemeinschaften geschaffen werden. Darüber hinaus sollte sie auch in Regionen mit anderen Lebensbedingungen praktikabel sein. Benedikts Vision ist aufgegangen: Er gilt als Begründer des abendländischen Mönchtums. Beim Verfassen seiner Lebensregeln bezog er sich auf seine Vorväter Basilius und Augustinus. Darüber hinaus soll ihm die sogenannte «Magisterregel» (Regula Magistri) ein Leitfaden gewesen sein, eine wahrscheinlich in der ersten Hälfte des sechsten Jahrhunderts in Rom oder Umgebung entstandene Sammlung von Maximen und Vorschriften, wie sie im Italien dieser Zeit üblich waren. Die Benediktsregel gilt als Basisdokument des westlichen Ordenslebens.

3. Wer waren die bedeutendsten Ordensgründer im ersten Jahrtausend nach Christus? *Basilius (der Große)* wurde um 330 in Caesarea in Kappadokien geboren und starb 379. Mit 27 Jahren wurde er getauft und wandte sich einem asketischen Lebensstil zu. Er suchte die damals berühmten Einsiedler und Mönchsgemeinschaften in Ägypten, Palästina, Syrien und Mesopotamien auf und begründete selbst eine asketische Gemeinschaft. Diese verließ er jedoch nach einigen Jahren. 370 wurde er zum Bischof von Caesarea berufen. Die von ihm begründete Gemeinschaft breitete sich aus und mischte sich in das Leben der Gesellschaft ein. Sie gründete Schulen, Krankenhäuser und Gästehäuser. Basilius war ein bedeutender geistlicher Schriftsteller und verfasste zwei monastische Regeln, das «Kleine Asketion» sowie das «Große Asketion» (um 375). Darin fordert er ein Leben nach dem Evangelium. Das «Große Asketion» ist bis heute maßgebend für das orthodoxe Mönchtum und beeinflusste auch das lateinische. Nach der Regel des heiligen Basilius leben heute beispielsweise noch die BasilianerInnen sowie die «Töchter der heiligen Macrina».

Aurelius Augustinus (354–430) war Bischof, Seelsorger, Politiker, Autor und Begründer mehrerer Klöster. Mit 16 Jahren zog er vom nordafrikanischen Thagaste nach Karthago, um Rhetorik zu studieren. Inspiriert durch die Predigten des Ambrosius, wurde er 386 zum Christentum bekehrt und um 395 zum Bischof von Hippo in Algerien geweiht. Um 397 verfasste er eine Klosterregel, in der er die Nächstenliebe der Liebe zu Gott gleichstellte. Das Gemeinschaftsleben sollte durch die Achtung und Liebe zu den anderen, durch Demut, Herzensgüte und die Ausrichtung auf Gott geprägt sein. Nach der Regel des Augustinus leben heute unter anderem die AugustinerInnen, die Augustiner Chorherren, Prämonstratenser, DominikanerInnen, Ursulinen und die Barmherzigen Brüder.

Über das Leben *Benedikts von Nursia* (um 480–547) gibt es kaum Überlieferungen. Die einzige erhaltene Quelle für sein Leben sowie seine Mönchsregel ist das «Buch II der Dialoge» von Gregor dem Großen (540–604). Vieles, was wir heute über ihn wissen, ist historisch nicht belegt. Benedikt entstammte dem römischen Landadel und ging zum Studium der Rechte von seinem umbrischen Geburtsort Nursia – heute Norcia – nach Rom. Das dekadente Leben der Stadt gefiel ihm jedoch bald nicht mehr. Mit 17 Jahren schloss er sich einer Asketengemeinschaft an, zog sich aber bald als Einsiedler in eine Grotte bei Subiaco zurück. Rasch sammelten sich Anhänger um ihn. Als die Zahl seiner Schüler wuchs, teilte er sie in Lebensgemeinschaften ein. Im Laufe der Jahre entstanden so zwölf Klöster, denen Benedikt vorstand. Um 529 zog Benedikt mit einigen Mitbrüdern auf den Montecassino, etwa 120 Kilometer nordöstlich von Rom. Dort gründete er seine erste Abtei, und hier schrieb er – vermutlich ab 534 – auch seine Mönchsregel. Benedikt starb um 547 auf dem Montecassino.

Für ihn, wie für alle Mönchsväter, war die Heilige Schrift grundlegende Basis seiner Regel. Beeinflusst war er außerdem durch die älteste bekannte Klosterregel, niedergeschrieben von Pachomius (ca. 290 – ca. 347). Weitere wichtige Impulse gaben ihm die Aufzeichnungen früherer Ordensgründer wie Basilius und Aurelius Augustinus sowie die sogenannte Regula Magistri, das Werk eines unbekannten Mönchs aus der ersten Hälfte des sechsten Jahrhunderts, also eines Zeitgenossen Benedikts.

Benedikt konnte demnach auf schriftlichen Überlieferungen aufbauen. Viel wesentlicher für ihn waren jedoch seine Lebenserfahrung und die Lebensbeispiele vieler Mitbrüder: «Diese Regel haben wir geschrieben, damit wir durch ihre Beobachtung in unseren Klöstern eine dem Mönchtum einigermaßen entsprechende Lebensweise oder doch einen Anfang im klösterlichen Leben bekunden.» (Regel Benedikt 73,1) Benedikt erstellte eine konkrete Haus- und Lebensordnung für seine Abtei Montecassino, die gleichzeitig auch für andere Klostergemeinschaften brauchbar sein sollte. Er gilt als der Begründer des abendländischen Mönchtums. Nach seiner Regel leben heute unter anderem die BenediktinerInnen, die ZisterzienserInnen und die TrappistInnen.

4. Welche Ordensgründer waren nach Benedikt prägend? *Bernhard von Clairvaux* (1090–1153) entstammte einer adligen Familie, die sehr religiös war. 1113 trat er mit vier seiner Brüder und weiteren jungen Menschen in das Reformkloster Citeaux ein. Er legte 1114 seine Gelübde ab und wurde 1115 zum Priester geweiht. Im selben Jahr wurde Bernhard von seinem Abt beauftragt, zusammen mit zwölf weiteren Mönchen das Kloster Clairvaux zu gründen. Unter seiner Führung entwickelte sich dieses rasch zur bedeutendsten Zisterzienserabtei seiner Zeit. Bernhard hatte so viel Charisma und

Der heilige Franziskus predigt den Vögeln. Der Legende nach soll der Heilige den Vögeln das Wort Gottes verkündet und sie damit in seinen Bann gezogen haben.

Anziehungskraft, dass sich viele Novizen seiner Gemeinschaft anschlossen. Deren Zahl nahm so rasch zu, dass fast jedes Jahr neue Klostergründungen von Clairvaux ausgingen. Bernhard gründete insgesamt 68 Klöster, darunter 1135 auch das erste deutsche

Zisterzienserkloster in Himmerod in der Eifel. Die Klosterbauten ließ er vornehmlich in Tälern errichten und Wälder dafür roden. Durch diese arbeitsintensiven Bauvorhaben wollte er auch den Wert der körperlichen gegenüber der geistigen Arbeit betonen. Ihm war es wichtig, dass bei der Ausgestaltung der Bauten auf figürliche Ornamentik verzichtet wurde, um den Betrachter nicht vom Gebet abzulenken. 1118 wurde Bernhard Leiter des Zisterzienserordens. Er überarbeitete die bestehenden Ordensregeln und gilt daher als «zweiter Gründer» des Zisterzienserordens nach Robert von Molesme.

Franziskus von Assisi (1181/82–1226) machte die ersten religiösen Erfahrungen durch das christliche Leben in seiner Familie. Als Sohn eines wohlhabenden Tuchhändlers sollte er einmal in die Fußstapfen seines Vaters treten. Mit 23 Jahren änderte er jedoch, ausgelöst durch Gebete und die Begegnung mit Aussätzigen, sein ganzes Leben. Er wurde enterbt und lebte völlig mittellos ein Leben, das einzig auf Christus ausgerichtet war. Alsbald scharten sich Gleichgesinnte um ihn, mit denen Franziskus 1210 nach Rom zog, um sich von Papst Innozenz III. die Erlaubnis geben zu lassen, zu predigen und in Armut zu leben. Schon in den folgenden zehn Jahren wuchs die franziskanische Gemeinschaft auf mehrere Tausend Mitglieder an. Jedes von ihnen musste auf irdische Güter und Sicherheiten verzichten, um immer ungebunden in Gottes Auftrag wirken zu können. 1221 gab Franziskus seine erste Regel heraus, die jedoch nicht von Rom bestätigt wurde. Sie enthielt wenige Vorgaben und kaum konkrete Maßnahmen, da für Franziskus im Grunde die einzig bindende Vorgabe ein Leben nach dem Evangelium war. Eine zweite Regel, die er 1223 verfasste, wurde im selben Jahr von Papst Honorius III. bestätigt. Beide Regeln sind in den Kernaussagen gleich. Es sind asketisch-moralische Texte, die man individuell interpretieren muss. Zu den Orden, die heute nach der Franziskus-Regel leben, gehören die FranziskanerInnen, die Kapuziner, die Armen Brüder des heiligen Franziskus und die Missionsbrüder des heiligen Franziskus von Assisi.

Klara von Assisi (1193/94–1253) war die erste Frau, die eine von

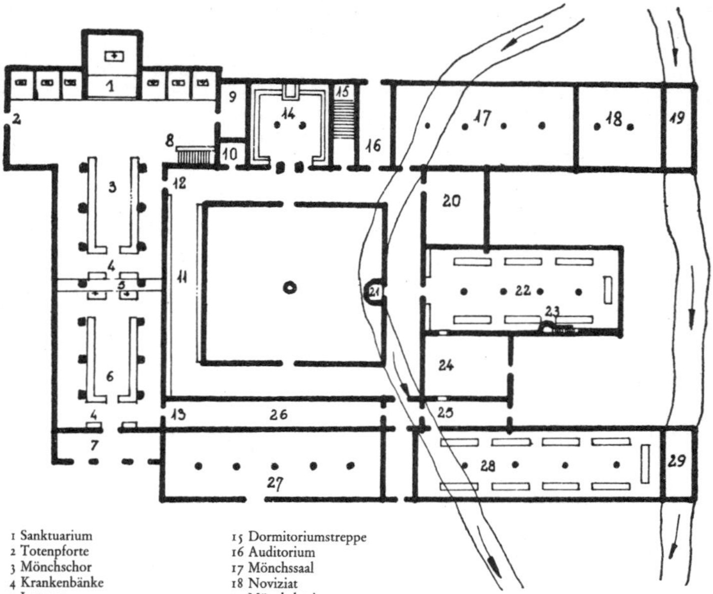

1 Sanktuarium
2 Totenpforte
3 Mönchschor
4 Krankenbänke
5 Lettner
6 Konversenchor
7 Narthex
8 Dormitoriumstreppe
9 Sakristei
10 Armarium
11 Mandatum – Steinbänke zum Lesen und zur Fußwaschung
12 Mönchspforte
13 Konversenpforte
14 Kapitelsaal
15 Dormitoriumstreppe
16 Auditorium
17 Mönchssaal
18 Noviziat
19 Mönchslatrine
20 Wärmeraum
21 Brunnen
22 Mönchsrefektorium
23 Lesekanzel
24 Küche
25 Sprechraum des Cellerars
26 Konversengasse
27 Vorratshaus
28 Konversenrefektorium
29 Konversenlatrine

Idealplan eines Zisterzienserklosters

Rom anerkannte Klosterregel verfasste. Sie wuchs in Assisi in einer wohlhabenden Adelsfamilie auf, verachtete jedoch schon früh den Luxus und die Dekadenz, die auch vor Kirchenkreisen dieser Zeit nicht Halt machten. Von ihrer Mutter erhielt sie die religiöse Bildung und Prägung. Diese machte Pilgerreisen ins Heilige Land und durch das Limousin, das heute wieder eine aufblühende Pilgerregion ist, nach Santiago de Compostela. 1210 begegnete Klara dem zwölf Jahre älteren Franziskus zum ersten Mal. Sie traf ihn danach wiederholt heimlich und war von seiner Lebensform und seinen Zielen begeistert. Mit 18 Jahren verließ sie 1212 in der Nacht ihr Elternhaus, schloss sich Franziskus an und wurde von ihm in einer feierlichen Zeremonie in den religiösen Stand erhoben. Ihre leibliche Schwester Agnes folgte bald ihrem Beispiel, und es schlossen sich weitere Frauen ihrer Gemeinschaft an. Den Tagesablauf verbrachten sie sehr zurückgezogen in Gebet, Meditation und Handarbeit. Klara lud Prediger ein, die vor ihr und ihren Schwestern sprachen. Sie bildete sich kontinuierlich weiter und war als Ratgeberin auch bei kirchlichen Würdenträgern gefragt. Dennoch hatte sie große Schwierigkeiten mit der Amtskirche, unter anderem auch, weil sie eine Frau war. Um 1250 begann sie, eine Klosterregel niederzuschreiben, die sich an der franziskanischen orientierte. Leitbild war die gelebte Armut. Heute leben noch die Klarissen und die Klarissen-Kapuzinerinnen nach dieser Regel.

Ignatius von Loyola (1491–1556) wurde in eine adlige Familie geboren. Er sollte Ritter werden und erhielt eine entsprechende Bildung. Im Kampf gegen die Franzosen 1521 in Pamplona wurde sein Bein zerschmettert. Es folgte ein langes Krankenlager. In dieser Zeit kam er mit geistlichen Schriften in Berührung, die die Weichen für sein zukünftiges Leben stellten. Nach seiner Genesung pilgerte er zum Kloster auf dem Montserrat und ins Heilige Land. Als er zurückkam studierte er zunächst in Spanien Latein und Philosophie, dann in Paris Theologie. Dort legte er 1534 zusammen mit sechs Gefährten die Gelübde der Armut, Keuschheit und des Gehorsams gegenüber dem Papst ab. 1537 wurde er in Venedig zum Priester geweiht. Ende desselben Jahres zog er nach Rom, das er bis zu seinem Tod nicht mehr verließ. Er suchte den Sinn seines Lebens allein im Gebet und in der Eucharistiefeier. 1539 gründete er einen Orden – die Societas Jesu, die «Gesellschaft Jesu», die 1540 durch Papst Paul III. bestätigt wurde. 1541 wurde Ignatius zum ersten Generaloberen der Jesuiten gewählt. Als seine wichtigste Aufgabe sah er an, Gott zu dienen und den Menschen zu helfen, ihr Leben auf Gott auszurichten. Die Mitglieder der Gesellschaft Jesu leben bis heute nach seiner Satzung.

5. Warum haben sich Menschen in Ordensgemeinschaften zusammengeschlossen? Menschen, die in Einöde und Askese lebten, gab es lange vor dem Christentum. In Indien existierten asketische Ordensgemeinschaften seit dem siebten vorchristlichen Jahrhundert, im Buddhismus etwa ab dem fünften Jahrhundert vor Christus. Mose und der Prophet Elia aus dem Alten Testament gelten als Eremiten.

Die ersten Christen, die sich von der Gesellschaft zurückzogen, um ein Leben in Einsamkeit zu führen, sahen sich in der Nachfolge Christi. Manchmal schlossen sie sich zu Einsiedlerkolonien zusammen und zogen bald andere Menschen an, die von ihrer Lebensform und ihrer Weisheit lernen wollten. So entstanden im Verlauf des dritten Jahrhunderts nach Christus die ersten Gemeinschaften. Das Leben in der Gruppe vereinfachte viele Abläufe des Alltags und ermöglichte es trotzdem, sich auf Gebet und Askese zu konzentrieren. Die in Gemeinschaft lebenden Mönche werden «Koinobiten» genannt (von griechisch *koinos bios* = gemeinsames Leben) im Gegensatz zu den alleine lebenden Eremiten (von griechisch *eremos* = wüst, unbewohnt). Pachomius (um 290 – um 347) gründete um 320 in Oberägypten das erste christliche Kloster. Er schuf um 350 auch eine Mönchsregel, die heute noch der Mehrzahl der orthodoxen Klostergemeinschaften als Leitfaden dient.

6. Wann entstanden die ersten Klöster? Das früheste Kloster geht auf Pachomius (um 292 – um 347) zurück. Der Sohn eines heidnischen Vaters sollte Soldat werden, aber seine Söldnerkarriere war nur kurz. Nach seiner Entlassung ließ er sich taufen und gründete am rechten Nilufer in der Nähe des heutigen Dandara 320 ein Kloster. Der Sage nach soll ihm ein Engel dies befohlen haben. Das Leben einer Mönchsgemeinschaft in einem eigens dafür bebauten Areal gab es bis zu diesem Zeitpunkt nicht. Vorher lebten Mönche in Einsiedeleien. Das von einer hohen Mauer umgebene Kloster des Pachomius hatte neben der Kirche bereits eine Küche mit Vorratskammer und Speisesaal, eine Krankenstation, Bibliothek, Werkstätten und eine Herberge für Gäste. Die Gemeinschaft, die nach

Ordensregeln lebte, die Pachomius angeblich ebenfalls von einem Engel eingegeben wurden, wuchs zügig. Weitere Klostergründungen folgten. Bei seinem Tod gab es zwei Frauen- und neun Männerklöster mit rund 9000 Mönchen.

Die Entwicklung setzte sich fort: Es entstanden aus den anfänglichen Einsiedeleien zunehmend Gruppen, die sich zusammentaten, um ihr Leben in Gebet und Arbeit zu teilen. Auch Basilius (um 330–379), der zunächst als Mönch in Ägypten und Syrien lebte, gründete um 355 in Kappadokien in der heutigen Türkei ein Kloster. Dort widmete man sich nicht nur dem Gebet und der körperlichen Arbeit, sondern auch dem Bibelstudium. Basilius lebte nur fünf Jahre in seinem Kloster, schrieb in dieser Zeit aber seine Mönchsregel, die bis heute für die orthodoxe Kirche maßgebend ist.

7. Askese: Was hat sie mit dem frühen Mönchtum zu tun? Das frühe Mönchtum ist ganz von dem Gedanken der Askese (vom altgriechischen *askesis* = Übung) geprägt. Der aus der Antike stammende Begriff meint das Einüben einer geistigen Haltung. Das Leben in der Einöde war eine Abkehr von den Verlockungen weltlicher Genüsse und den gesellschaftlichen Anforderungen. Das Dasein des Asketen war ausschließlich einem spirituellen Ziel gewidmet, beinhaltete gleichzeitig aber auch körperliche Maßnahmen wie Fasten, Schweigen und Keuschheit. Diese Ausprägungen des Mönchtums gab es in verschiedenen Religionen, darunter auch im Buddhismus und Hinduismus. Im christlichen Mönchtum war die Grundidee der Askese das Streben nach christlicher Vollkommenheit. Die ersten asketischen Gemeinschaften des dritten und vierten Jahrhunderts orientierten sich je nach Region an den asketischen Traditionen des Judentums und der römisch-hellenistischen Welt. Die Askese war ein fester Bestandteil des frühen Mönchtums. Ihre Ausprägungen waren neben den bereits erwähnten körperlichen Züchtigungen auch das Einüben geistiger Haltungen wie Demut, Gehorsam, Unterordnung. Askese umfasste auch Besitz- und Heimatlosigkeit. Strenge Askese im Mönchtum entwickelte sich manchmal auch zum Selbstzweck und artete gelegentlich in Wettbewerb aus.

8. Was waren die Aufgaben der frühen Ordensleute? Das Ziel der ersten Mönche war die Abkehr von aller Zivilisation und Verweltlichung. Doch schon bald folgten ihnen Menschen, die ihre Nähe suchten und von ihnen lernen wollten. Etwa ab dem vierten Jahrhundert taten sich Gleichgesinnte zusammen und gründeten asketische Gemeinschaften, deren Tageslauf nach strengen Regeln vorgegeben war. Das Leben in der Gemeinschaft vereinfachte viele Abläufe des täglichen Lebens und ermöglichte eine bessere Kontrolle der asketisch-mönchischen Lebensweise. Wie schon in Frage 3 erläutert, begann mit Benedikt von Nursia (um 480–547) das christliche Mönchtum. In seiner der Überlieferung zufolge ab 534 verfassten Regel strukturierte er den Tagesablauf, ja das gesamte Leben seiner Mönchsgemeinschaft und formulierte deren Zielsetzung. Zentrale Aufgaben sind das tägliche persönliche und gemeinsame Gebet, die Arbeit und ein Leben in Keuschheit, Gehorsam und Besitzlosigkeit. Die Ordensleute sollten autark sein und niemandem zur Last fallen. Die Betreuung von Armen und Kranken gehörte zu ihren Pflichten, ebenso die Missionierung.

Im frühen Mittelalter übernahmen die Klöster Aufgaben von Bildungseinrichtungen. Dort gab es Nonnen und Mönche, die lesen und schreiben konnten. In ihren Skriptorien, den Schreibstuben, retteten sie durch das Kopieren der antiken Autoren deren Schriften vor dem Vergessenwerden. Kunstfertige Buchmaler hinter Klostermauern illustrierten die Werke. Klöster entwickelten sich zu bedeutenden kulturellen und wirtschaftlichen Zentren. Mönche waren als Berater von Herrschern und Adel tätig, gründeten Schulen und Universitäten. Als Apotheker und Ärzte betrieben Ordensleute Medizin, bevor dieses Fach ab dem vierzehnten Jahrhundert an den Universitäten gelehrt wurde. Von der klösterlichen Heilkunde profitierten auch die Menschen außerhalb der Klostermauern. Die zunehmende Bedeutung der Klöster im Mittelalter brachte es mit sich, dass manche Ordensleute sich mehr den weltlichen Genüssen zuwandten, als es ihre Regel eigentlich erlaubte.

Einige Mönche belebten daher den benediktinischen Gedanken neu, taten sich zusammen und gründeten Ende des elften Jahrhunderts den Zisterzienserorden, der unter Bernhard von Clairvaux (1090–1153) zu großer Bedeutung gelangte. Ab dem dreizehnten Jahrhundert entstanden die Bettelorden, die sich an den städtischen Brennpunkten wieder verstärkt der Missionierung und Seelsorge widmeten (siehe auch Frage 31).

Im sechzehnten Jahrhundert entstand die bedeutende Ordensbewegung der Jesuiten. Ihre Aufgabe gegenüber der Gesellschaft sahen diese vor allem in der Verkündigung und der Lehre.

Die Ordensgemeinschaften haben ihre Aufgabenfelder von den Anfängen des Mönchtums bis heute im Wesentlichen bewahrt. Unabhängig von der individuellen Ausprägung jedes Ordens und jedes Konvents liegen die Schwerpunkte nach wie vor in den Bereichen Seelsorge, Missionierung, Pflege von kranken und alten Menschen, in Erziehung und Bildung.

9. Welchen Sinn hat die Klausur? Die Klausur (lateinisch *claudere* = verschließen, absperren) ist in einem Kloster der Bereich, der nur von den Konventmitgliedern betreten werden darf. Abgeleitet ist dieser Begriff von der Klause (spätlat. *clausura* = Sperre, Verschluss), der Einsiedelei. Im monastischen Leben wird damit die Abgeschiedenheit von der äußeren Welt betont, die gewährleisten soll, dass man sein Leben auf den Dialog mit Gott ausrichtet. Im Mittelalter wurde der Begriff Klausur umfassender verwendet als heute. Man bezeichnete damit die gesamte Klosteranlage. Im Sankt Gallener Klosterplan, der um 820 entstand und den Grundriss einer idealen Klosteranlage zeigt, ist die Klausur das Kernstück. Ihr Mittelpunkt ist der Kreuzgang, er verbindet die einzelnen Bereiche der Klausur: das Dormitorium, also den Schlafsaal, das Refektorium – den klösterlichen Speisesaal –, Küche und Vorratskammer. Alle anderen Einrichtungen sind um die Klausur herum angeordnet.

Heute befinden sich im Bereich der Klausur in der Regel der Kreuzgang, das Mönchs- beziehungsweise Nonnenrefektorium, der Kapitelsaal, also der Versammlungsort der Konventmitglieder, sowie die Klosterzellen, der private Wohnbereich der Ordensleute.

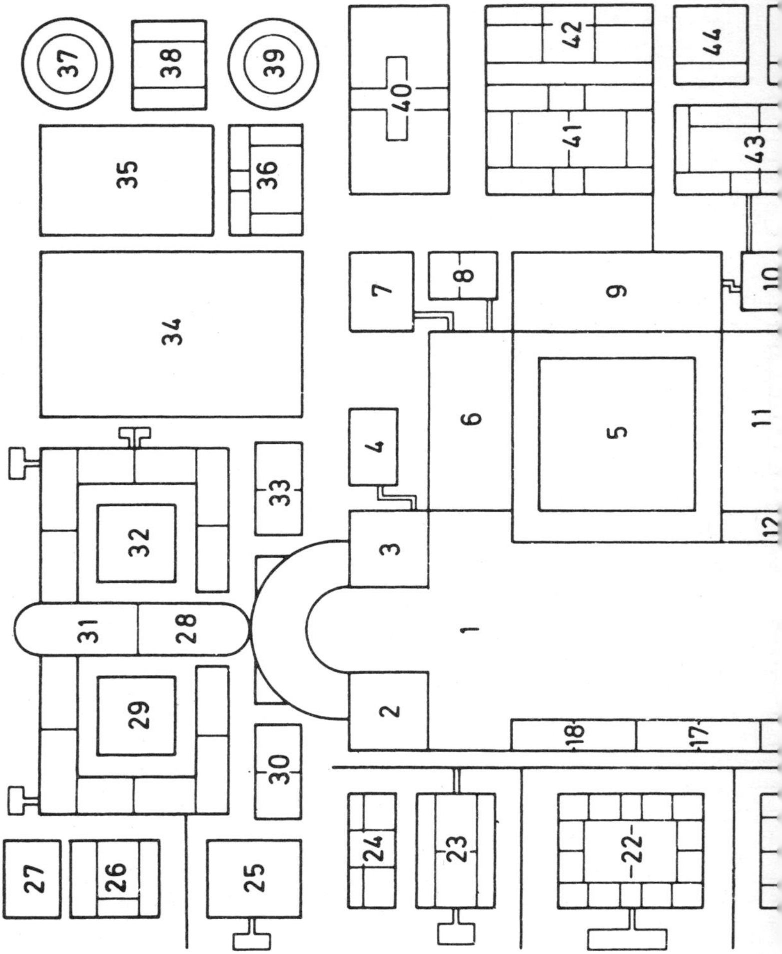

Der Sankt Gallener Klosterplan

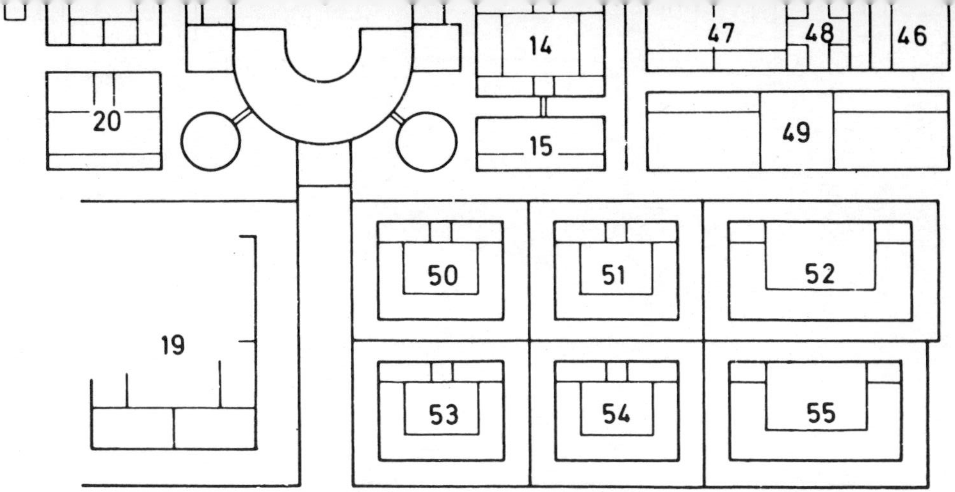

1 Basilika
2 Schreibstube (im Obergeschoß Bibliothek)
3 Sakristei (im Obergeschoß Paramentenkammer)
4 Hostienbäckerei und Ölpresse
5 Kreuzgang im Klaustrum der Mönche (die an die Basilika grenzende Portikus als Kapitelsaal)
6 Pisalis/Tagesraum der Mönche (im Obergeschoß Dormitorium)
7 Abtritt
8 Wasch- und Badehaus
9 Refektorium (im Obergeschoß Vestiarium/Kleiderkammer)
10 Küche der Mönche
11 Kellarium (im Obergeschoß Lardarium/Vorräte)
12 Pfortenraum des Klaustrums und Sprechzimmer für Besucher
13 Stube des Pilgermeisters
14 Pilgerherberge
15 Brauerei und Bäckerei der Pilgerherberge
16 Wohnung des Gastmeisters
17 Wohnung des Schulmeisters
18 Wohnung für durchreisende Ordensbrüder
19 Unterkunft der Reisebegleitung vornehmer Gäste
20 Küche mit Speisekammer, Brauerei und Bäckerei des Gästehauses
21 Gästehaus
22 Schule der Oblaten
23 Abtspfalz
24 Bad, Speisekammer und Küche der Abtspfalz
25 Haus für den Aderlaß und die Anwendung von Pugiermitteln
26 Arzthaus mit Apotheke und Zimmer für Schwerkranke
27 Arzneikräutergarten
28 Kapelle des Krankenhauses
29 Krankenhaus
30 Bad und Küche des Krankenhauses
31 Kapelle des Novizenhauses
32 Novizenhaus
33 Küche und Bad des Novizenhauses
34 Obstgarten und Friedhof
35 Gemüsegarten
36 Gärtnerhaus
37 Gänsestall
38 Haus der Geflügelwärter
39 Hühnerstall
40 Kornspeicher mit Dreschtenne
41 Räume des Kamerarius und Werkstätten (Sattler und Schuhmacher, Schildmacher und Schwertfeger/Messerschleifer, Gerber und Drechsler)
42 Werkstätten (Walker, Grobschmied, Goldschmied)
43 Bäckerei und Brauerei der Mönche
44 Mühle
45 Stampfe
46 Darre
47 Werkstätten (Küfer, Holzmechaniker)
48 Kornspeicher für Mühle, Bäckerei und Darre, Stampfe, Brauerei
49 Pferde- und Ochsenstall
50 Schafstall
51 Ziegenstall
52 Kuhstall
53 Gesindehaus
54 Schweinestall
55 Stutenstall

Dominikanerkirche aus der zweiten Hälfte des neunzehnten Jahrhunderts. Typisch für die Sakralbauten dieses Ordens sind ihre Schlichtheit in der Außengestaltung sowie in der Dekoration der Innenräume. Diese Zurückhaltung ist auch an der Größe der Bauten erkennbar: Jede Überdimensionierung wurde vermieden.

Dorthin können sie sich zurückziehen und sind unter sich. Die Klausur ist auch traditioneller Schweigeort.

Wie mir viele Ordensleute bestätigten, ist die Klausur in unserer Zeit wichtiger denn je. Durch die zahlreichen Gäste, die viele Klöster heute aufnehmen, und die generell größere Öffnung der Ordenshäuser nach außen benötigen Nonnen und Mönche einen Ort der Stille, an den sie sich zurückziehen können. Hier können sie sich der wesentlichen Aufgabe ihrer Berufung, nämlich dem Gebet, widmen.

10. Woher kommt der Begriff «monasterium»? Mit «monasterium» (lateinisch für Zelle) wurde in frühchristlicher Zeit der Wohnort eines Mönchs bezeichnet. In Anlehnung an die Anachoreten, Asketen, die sich seit dem dritten vorchristlichen Jahrhundert in Einsiedeleien zurückzogen, sollten auch die frühchristlichen Mönche in der Einsamkeit einer Zelle Gott dienen. Später verwendete man diesen Begriff auch für das Lebenszentrum von Nonnen- oder Mönchsgemeinschaften. Man nannte zunächst die gesamte Klosteranlage «Monasterium», der Begriff wurde dann in abgewandelter Form aber auch nur für die Klosterkirche benutzt. Aus «Monasterium» entstand das Wort «Münster».

11. Welche Bedeutung hat der Kreuzgang im Kloster? Der Kreuzgang ist ein in der Regel rechteckig, manchmal quadratisch angelegter Wandelgang, der von pfeilergestützten Bögen überdacht ist. An die äußeren Seiten des Kreuzgangs schließen sich oft Gebäude an – darunter die Kirche –, nach innen hin öffnet sich der Kreuzgang ins Freie. Das Zentrum bildet häufig eine kleine Grünfläche mit Blumenrabatten und einer Wasserquelle. Der Name bezieht sich nicht auf die Form des Gangs, sondern auf die dort veranstalteten Prozessionen mit vorangetragenem Kreuz.

Kreuzgänge sind seit der karolingischen Zeit bekannt. Die Zisterzienser perfektionierten ihren Bau. Im Sankt Gallener Klosterplan um 820 ist der Kreuzgang das Zentrum der Klausur (siehe Abbildung Seite 26/27). Er schließt südlich an die Kirche an. Hier kreuz-

Dominikanerkloster in den Niederlanden. Die Kirche stellt mit ihrer schlichten Fassadengestaltung sowie dem relativ zierlichen, spitzen Turm einen für diese Ordensgemeinschaft typischen Bau dar. Die Klosteranlage mit dreistöckigen Bauten umschließt einen zentralen Innenhof und bildet zusammen mit dem Kirchenbau einen imposanten Komplex.

ten sich die Wege, wenn man innerhalb des Klosters von einem Gebäude zum anderen ging.

Noch heute hat jedes Kloster einen Kreuzgang. Seine Funktion ist seit den ersten Bauten unverändert: Er soll als Wandelgang für die Mönche dienen und zu deren Erbauung und Entspannung beitragen. Das bedächtige Durchschreiten des Kreuzgangs hat eine meditative Komponente, und ich kenne zahlreiche Ordensleute, die beispielsweise nach den Mahlzeiten durch den Kreuzgang wandeln, mit Abstand zum Trubel der Außenwelt und in Gedanken versunken.

12. Wie sind die klösterlichen Gelübde entstanden? Die Gelübde sind ein öffentliches Versprechen, sich auf Lebenszeit an die Grundprinzipien des Evangeliums und die Regeln der jeweiligen Ordensgemeinschaft zu binden. Wegen des Bezugs auf das Evangelium werden sie auch «Ratschläge» oder «Evangelische Räte» genannt. Dies besagt, dass das neue Klostermitglied der Lehre und dem Beispiel Christi folgen soll. Die bekanntesten Gelübde sind Gehorsam (lateinisch *oboedientia*), ehelose Keuschheit (lateinisch *castitas*) und Besitzlosigkeit (lateinisch *pauperitas* = Armut). Darüber hinaus gibt es in einzelnen Orden noch weitere Gelübde, bei den Benediktinern beispielsweise das der «stabilitas loci», also der Bindung an einen Ort und ein Kloster, sowie die «conversio morum», die Verpflichtung auf die Grundsätze des Evangeliums.

Die Trias «Armut, Keuschheit und Gehorsam» stammt aus dem Mittelalter und wurde vermutlich erstmals um 1150 in eine Professformel einer Pariser Chorherrenabtei aufgenommen. Danach verbreitete sie sich rasch und fand 1198 Aufnahme in die Regel der Trinitarier, 1223 in diejenige der Franziskaner. Man nahm damit Bezug auf die Heilige Schrift: «Denn alles, was in der Welt ist, die Begierde des Fleisches, die Begierde der Augen und das Prahlen mit dem Besitz, ist nicht vom Vater, sondern von der Welt.» (1 Joh 2,16) Diesen Begierden wollte man im Klosterleben entsagen.

13. Ein spezieller Ordensname beim Eintritt ins Kloster: Wie kam es dazu? In vielen Ordensgemeinschaften ist es üblich, dass die neuen Mitglieder beim Eintritt einen anderen Namen annehmen. Das Ablegen des bürgerlichen Taufnamens und die Annahme eines Ordensnamens wurde seit dem sechsten Jahrhundert üblich. Nicht alle Orden praktizieren dies, bei den Jesuiten oder den Salesianern Don Boscos beispielsweise behalten die Ordensneulinge ihren Taufnamen bei (siehe auch Frage 86).

Die Änderung des Namens dokumentiert eine Zäsur. Der Ordenseintritt kommt damit einer Taufe gleich. Die Orden berufen sich dabei auf das Buch Jesaja: «Man ruft Dich mit einem neuen Namen, den der Mund des Herrn für Dich bestimmt.» (Jesaja 62,2)

Spanische Bettelmönche bitten um Einlass in ein Kloster. An den Füßen tragen sie Sandalen, wie es in den warmen Ländern bis heute üblich ist.

Die meisten weiblichen Gemeinschaften stellen dem Ordensnamen ein «M.» für «Maria» voran, auch einige männliche Orden praktizieren dies, beispielsweise die Dominikaner.

Das neue Klostermitglied kann der Äbtissin beziehungsweise dem Abt vor der zeitlichen Profess in der Regel drei Namensvorschläge unterbreiten. Gewählt werden meistens Namen von Heiligen, denen der Kandidat sich besonders verbunden fühlt. Es kann auch der Taufname auf dieser Liste sein. In den letzten Jahren kommt es immer häufiger vor, dass Ordensmitglieder beim Eintritt ins Kloster ihren Taufnamen behalten. Bedingung ist lediglich, dass der Name nicht bereits im Konvent vergeben ist. Im neunzehnten und zwanzigsten Jahrhundert kamen auf Grund häufiger Ordenseintritte einige sehr außergewöhnliche Namenskreationen zustande. Ich kenne beispielsweise eine Schwester Paulinia – in ihrem Konvent gab es bereits Mitschwestern mit Namen Paula, Paulina und Pauline, so fügte man vor dem letzten «a» noch ein «i» ein. Die letztendliche Entscheidung für einen Namen auf der Auswahlliste trifft die Klosterleitung. «Damit dokumentieren wir, dass für uns ein neuer Lebensabschnitt beginnt», sagte mir Bruder Pascal Herold, der Novizenmeister aus der Abtei Münsterschwarzach. Der Ordensname wird übrigens nicht in den Pass eingetragen, er hat nur ordensintern Gültigkeit.

14. Ora et labora, bete und arbeite: Was steckt dahinter? «Ora et labora», bete und arbeite, kann man als das Leitmotiv des heiligen Benedikt bezeichnen, obwohl dieser Begriff in seiner Regel nicht explizit auftaucht. Der Mönchsvater legte sehr detailliert die Zeiten für Gebet, Arbeit und Studium fest – und unterschied dabei noch zwischen den einzelnen jahreszeitlichen Bedingungen und den Phasen des Kirchenjahrs. Dahinter steht das Ziel, eine Balance zwischen geistlichem Leben und den Anforderungen des Alltags zu erreichen. Die geistlichen Übungen sollten nicht zum Selbstzweck werden, auf der anderen Seite aber auch die körperliche Arbeit nicht überhand nehmen. Sowohl geistige als auch manuelle Tätigkeiten sollten neben dem Chorgebet ausgeübt werden. Diese Struktur hatte nicht nur einen pädagogischen Wert innerhalb, sondern auch außerhalb des Klosters. Arbeit wurde zu Zeiten Benedikts als eine Tätigkeit niederer Schichten betrachtet. Indem die Mönche körperliche Arbeiten verrichteten, werteten sie diese auf. Gleichzeitig waren sie noch nutzbringend für die Klostergemeinschaft. Die Maxime «Ora et labora» prägt den klösterlichen Alltag bis heute.

15. Was ist das Stundengebet? Das Stundengebet ist das offizielle Gebet der katholischen Kirche. Es geht auf die jüdische Tradition zurück, dreimal am Tag zu beten. Im Laufe der Zeit nahm die Zahl der täglichen Gebetszeiten zu. Im Konzil von Trient (1545–1563) wurde eine einheitliche Ordnung des Stundengebets festgelegt, die im Wesentlichen bis zum Zweiten Vatikanischen Konzil (1962–1965) galt. Bis zu diesem Zeitpunkt wurde es auf Lateinisch gebetet, heute meist in der Landessprache. Zum Stundengebet sind Priester und Ordensleute verpflichtet. Es wird daher auch «Offizium» genannt. Feste Bestandteile sind Eröffnung, Hymnus, Psalmen und Schlussgebet.

Das Stundengebet wird in den Klöstern bis zu sieben Mal im Tageslauf verrichtet (siehe auch Frage 39). Die Zahl sieben folgt dem Bibelwort «Siebenmal am Tag singe ich Dein Lob, wegen Deiner gerechten Entscheide.» (Psalm 119,164) In manchen Klöstern wurden auch zwei Gebetszeiten zusammengelegt. Manchmal werden einzelne Gebetszeiten individuell verrichtet. Die Entscheidung über die exakten Zeiten und die Anzahl der gemeinsam verrichteten Stundengebete ist Sache der jeweiligen Ordens- oder Klostergemeinschaft.

16. Auf welche Traditionen gehen Klosterkapitel und Kapitelsaal zurück? Der Kapitelsaal ist in der Regel Teil der Klausur (siehe auch Frage 9). Er ist der Versammlungsraum der Schwestern beziehungsweise Mönche, die sich hier zur täglichen geistlichen Ansprache des Oberen treffen und auch Besprechungen abhalten, die die ganze Gemeinschaft betreffen. Den Namen «Kapitelsaal» erhielt der Versammlungsraum, weil an diesem Ort früher bei jeder Zusammenkunft des Konvents ein Kapitel aus der Heiligen Schrift oder der Ordensregel vorgelesen wurde. Ordensleute, die berechtigt sind, an Versammlungen im Kapitelsaal teilzunehmen, werden auch «Kapitulare» genannt; dies sind alle Konventmitglieder mit ewiger Profess. Die Versammlung der ganzen Hausgemeinschaft im Kapitelsaal wird in Anlehnung an diesen Raum auch als «Kapitel» bezeichnet.

Im «Kapitel» finden wichtige Ereignisse statt, darunter die Wahl einer neuen Äbtissin oder eines Abts, die Einkleidung der Novizen, das Ablegen der zeitlichen Profess und die Aufbahrung verstorbener Konventmitglieder. In historischen Klosterbauten sind die Sitze der Nonnen und Mönche ringsum an den Wänden des Kapitelsaals angeordnet. Manchmal sind sie – wie ein Chorgestühl – mit reichen Schnitzarbeiten versehen. Da heute jedoch die Klostergemeinschaften in der Regel wesentlich kleiner sind, versammelt sich der Konvent meist um einen Tisch, der in der Mitte des Raums steht. Der Hausobere hat einen hervorgehobenen Platz.

Ordensleben heute

17. Welcher Orden in Deutschland hat die meisten Mitglieder? Unter den Ordensgemeinschaften in Deutschland haben die Benediktiner (OSB = *Ordo Sancti Benedicti*) die meisten männlichen Mitglieder. In 33 Niederlassungen leben 795 Mönche in der benediktinischen Gemeinschaft. Die Benediktiner gelten als der älteste Mönchsorden. Zur benediktinischen Familie gehören die Zisterzienser, die Trappisten und die Olivetaner.

Der Orden ging aus Laiengruppen hervor, die nach der im sechsten Jahrhundert nach Christus entstandenen Regel des heiligen Benedikt zusammenlebten. Ab dem achten Jahrhundert waren immer mehr Mönche gleichzeitig Priester. Diese übernahmen auch politische und Bildungsaufgaben. So gewannen die benediktinischen Klöster im Mittelalter großen Einfluss und wurden zu kulturellen, politischen und wirtschaftlichen Zentren. Hohe Bildung galt bei den Ordensmitgliedern als wichtig. Um 1400 schlossen sich die bis zu diesem Zeitpunkt autonomen Klöster zu Kongregationen zusammen. Diese Maßnahme verstärkte den Einfluss der Benediktiner.

Einen Niedergang erfuhr der Orden mit der Säkularisation 1803 in der Napoleonischen Zeit, bei der kirchliche Güter von weltlichen Herrschern eingezogen wurden. Kein einziges Kloster überlebte. Erst 1830 gab es die ersten Neugründungen. Es entstanden die Bayerische und die Beuroner Kongregation. Die Benediktiner hatten bis zum Zweiten Weltkrieg einen großen Einfluss auf die geistig-kirchliche Entwicklung in Deutschland.

18. Welche Bedeutung haben die Franziskaner? Die zweitstärkste Gruppe innerhalb der Männerorden in Deutschland bilden die Franziskaner (OFM = *Ordo Fratrum Minorum* = Orden minderer Brüder). Ihr gehören 724 Mitglieder in 92 Niederlassungen an. Heute hat der I. Orden der Franziskaner drei Zweige: die Minoriten, die Kapuziner und die braunen Franziskaner. Die Ordensge-

Franziskaner, umgeben von Ordnungshütern. Die Szene bezieht sich auf das Pariser Dekret vom 2. November 1789. Im Zuge der Französischen Revolution wurde der Kirchen- und Ordensbesitz verstaatlicht. Die Mönche mussten ihre Klöster verlassen.

meinschaften berufen sich auf die Regel des Franz von Assisi (1223), die größte Armut des einzelnen Ordensmitglieds fordert. Der Orden tat sich durch eine starke Predigt- und seelsorgerische Tätigkeit hervor und hatte so im Mittelalter einen beträchtlichen Zulauf. In den im späten Mittelalter überall entstehenden Universitäten waren die Franziskaner auch wissenschaftlich tätig.

Die ursprüngliche Strenge des Ordens wurde immer wieder aufgeweicht. Es gab verschiedene Reformversuche, aus denen die streng zurückgezogen lebenden Kapuziner hervorgingen. Auf Franziskus berufen sich auch die Klarissen und Klarissen-Kapuzinerinnen (der II. Orden) sowie der III. Orden, die sogenannte «Franziskanische Gemeinschaft», der Männer und Frauen aus unterschiedlichen Lebensbereichen angehören, die nicht in Klöstern leben. Aus der «Franziskanischen Gemeinschaft» wiederum entwickelten sich Klostergemeinschaften, die man als «Regulierter Dritter Orden» bezeichnet.

19. Was ist das Besondere an den Jesuiten? Zahlenmäßig drittstärkste Ordensgemeinschaft in der Bundesrepublik sind die Jesuiten (SJ = *Societas Jesu* = Gesellschaft Jesu) mit 416 Mitgliedern. Die Begründung der Gesellschaft Jesu geht auf den 15. August 1534 zurück. An diesem Tag gelobte eine Gruppe von sechs Gefährten um Ignatius von Loyola, nach dessen «Geistlichen Übungen» zu leben. 1540 erhielt sie die Anerkennung durch Rom. Ziele der Gemeinschaft waren die Verbreitung des Glaubens durch Predigten, Exerzitien und Bildungsarbeit (siehe auch Frage 4). Rasch breitete sich der Orden aus, bereits 1556, dem Todesjahr von Ignatius, hatte er weltweit rund tausend Mitglieder. In einer Studienordnung, der *Ratio studiorum,* erhielt er 1599 eine verbindliche Grundlage für seine Bildungstätigkeit. In der Zeit der Gegenreformation und der Aufklärung erlangten die Jesuiten beträchtlichen Einfluss, was die Ordensmitglieder großen Anfeindungen aussetzte, die zur Vertreibung aus vielen Ländern Europas und 1773 schließlich zur Aufhebung des Ordens durch Papst Clemens XIV. führten. Papst Pius VII. rief den Orden 1814 erneut ins Leben, und er breitete sich sehr rasch wieder aus – vor allem auf dem amerikanischen Kontinent. Der Jesuitenorden hat keine spezielle Ordenstracht. Vielmehr sollen sich die Jesuiten der Kleidung und den Gebräuchen der Länder anpassen, in denen sie gerade tätig sind.

20. Die Salesianer Don Boscos: Pioniere der Jugendarbeit? Zahlenmäßig an vierter Stelle der männlichen Ordensgemeinschaften in Deutschland stehen die Salesianer Don Boscos (SDB *Societas Sancti Francisci Salesii* = Gesellschaft des heiligen Franz von Sales). Sie haben derzeit 327 Mitglieder. Die 1859 von Don Giovanni Bosco in Turin gegründete Ordensgemeinschaft wurde 1874 kirchlich approbiert. Als Hauptaufgabe wurde die Jugendarbeit definiert. Weitere Schwerpunkte sind die Bildungsarbeit und das Presseapostolat. Jugendlichen sollten in schwierigen Situationen Hilfe und Zukunftsperspektiven geboten werden. In Deutschland ist der Orden seit 1916 aktiv. Die meisten Ordensmitglieder sind nach wie vor in Italien beheimatet. Das Armutsgelübde gilt nur unter Wahrung der bürgerlichen Rechte des einzelnen Mitglieds. Die Ordensmitglieder haben keine eigene Tracht. Die Salesianer Don Boscos sind der zweitgrößte Männerorden weltweit.

21. Die Steyler Missionare: Ein Orden in Holland für Deutschland? Die Steyler Missionare sind mit 296 Mitgliedern in Deutschland vertreten. Die «Gesellschaft des göttlichen Wortes» (SVD = *Societas Verbi Divini*) wurde am 8. September 1875 von Arnold Janssen im niederländischen Steyl gegründet. Der Deutsche Janssen wollte eigentlich einen Missionsorden in Deutschland begründen. Da dies in den Zeiten des Kulturkampfes nicht möglich war, wich er ins niederländische Steyl aus, das direkt an der Grenze zu Deutschland liegt. Hauptanliegen war von Anfang an die weltweite Missionsarbeit. Die Ordensmitglieder leben in internationalen Gemeinschaften und wirken dort, wohin sie geschickt werden. Heute leben und arbeiten rund 6000 Missionare in 60 Ländern der Erde, davon rund 2000 in Asien. Arnold Janssen wurde am 5. Oktober 2003 von Papst Johannes Paul II. heiliggesprochen.

22. Die Pallottiner: Was ist ihr Hauptanliegen? Zahlenmäßig an sechster Stelle der Männerorden in Deutschland liegen die Pallottiner. Die «Gesellschaft des Katholischen Apostolats» (SAC = *Societas Apostolatus Catholici*) wurde 1846 vom heiligen Vinzenz Pallotti in

Rom gegründet. Sein Hauptanliegen war die Förderung des Laienengagements in der Kirche. Die Pallottiner mit weltweit rund 2500 Mitgliedern sind heute auf allen Kontinenten tätig.

23. Welche bedeutenden Frauenorden gibt es in Deutschland? In Deutschland gibt es wesentlich mehr weibliche als männliche Ordensmitglieder und eine höhere Anzahl an Gemeinschaften und Niederlassungen von Ordensfrauen. Derzeit sind es 331 Generalate, Provinzialate, Abteien und selbständige Einzelklöster. In den insgesamt 1739 klösterlichen Niederlassungen in der Bundesrepublik leben rund 22 000 Ordensfrauen, die meisten von ihnen in benediktinisch, franziskanisch und vinzentinisch geprägten Ordensgemeinschaften.

24. Wie sind franziskanische Frauengemeinschaften geprägt? «Franziskanerinnen» ist ein Sammelbegriff für eine größere Anzahl katholischer Frauengemeinschaften, die sich an der Ordensregel des heiligen Franz von Assisi orientieren (siehe auch Frage 18). Die ältesten franziskanischen Frauengemeinschaften haben ihren Ursprung bereits im dreizehnten Jahrhundert. Sie waren Teil der damals starken Armutsbewegung und entwickelten teilweise eigene Regeln und Lebensformen. Die päpstliche Kurie war jedoch daran interessiert, diese einzelnen Frauengemeinschaften zu integrieren und zur Übernahme bereits existierender Ordensregeln zu verpflichten. Neben den Dominikanern boten sich hier wegen ihrer Ausrichtung die Franziskaner an. So wurden viele der kleinen weiblichen Einzelgemeinschaften im dreizehnten und vierzehnten Jahrhundert Franziskanerinnen, behielten aber zum Teil individuelle Ausprägungen bei. Viele dieser franziskanischen Frauengemeinschaften wurden in der Säkularisation ausgelöscht. Nur einzelne von ihnen haben bis heute überlebt, darunter die Dillinger Franziskanerinnen und die Sternfrauen in Augsburg.

Im neunzehnten Jahrhundert bildeten sich neue Frauengemeinschaften, die sich an den Idealen Franz von Assisis und seiner Regel orientierten. Dies waren meist tatkräftige Ordensfrauen, die nicht

Franziskus von Assisi vor dem Sultan von Ägypten. Der Ordensgründer wollte auch außerhalb seines Heimatlandes Italien missionieren. Er unternahm mehrere Versuche, in den Orient zu reisen, wurde aber zweimal zur Rückkehr gezwungen. Erst 1219 erreichte er Ägypten und predigte vor dem Sultan Melek-el-Kamel.

in klösterlicher Abgeschiedenheit lebten, sondern sich in der Gesellschaft an sozialen Brennpunkten engagierten. Die anfangs kleinen Gemeinschaften fanden großen Zulauf, so dass auch Filialen gegründet wurden. Diese Franziskanerinnen wurden nicht als Orden eingestuft, sondern als Kongregationen oder Gesellschaften Apostolischen Lebens und waren meist einem Bischof unterstellt und nicht einer Ordensleitung. Wenn mit Gründung von Niederlassungen die Grenzen eines Bistums überschritten wurden, so wechselten manche franziskanischen Frauengemeinschaften zu einem Status päpstlichen Rechts.

So existiert heute eine Vielzahl von Franziskanerinnenkongregationen mit je eigener Geschichte. Sie leben nur zum Teil in eigenen Klöstern, vielfach auch in Wohngemeinschaften oder Häusern an Orten, an denen sie sich gesellschaftlich und sozial engagieren. Im Gegensatz zu den Benediktinerinnen wechseln sie ihren Lebensmittelpunkt auch, wenn sie eine neue Wirkungsstätte haben.

Noch heute gibt es eine stattliche Anzahl franziskanischer Frauengemeinschaften mit je eigener Prägung, darunter die Franziskanerinnen von der Buße und der christlichen Liebe, die Franziskanerinnen von der Heiligen Familie, die Franziskanerinnen vom heiligen Josef und die Franziskanerinnen von Waldbreitbach, um nur einige Gemeinschaften zu nennen.

25. Welche Besonderheiten haben benediktinische Frauenkonvente? Die Benediktinerinnen leben – wie ihre männlichen Ordensbrüder – nach der Regel des heiligen Benedikt. Der Überlieferung nach geht der weibliche Ordenszweig auf die heilige Scholastika (um 480 – um 542) zurück, die eine Zwillingsschwester von Benedikt gewesen sein soll. Sie soll durch ihre Gebete Wunder gewirkt haben und die geistliche Lehrerin ihres Bruders gewesen sein, worauf auch ihr Name hindeutet (lateinisch *scholastica* = Gelehrte). Ihre Existenz ist allerdings nicht verbürgt. Jedenfalls bildeten sich erste benediktinisch geprägte Frauengemeinschaften bereits im sechsten Jahrhundert nach Christus. Sie lebten bis zum zwanzigsten Jahrhundert durchwegs in strenger Klausur. Ab Ende des neunzehnten Jahrhunderts entstanden dann auch nicht klausurierte Gemeinschaften, die sich beispielsweise in der Missionsarbeit engagierten. Darunter waren die Tutzinger Missionsbenediktinerinnen, die 2010 das 125-jährige Bestehen ihrer Kongregation feierten. Die Missionsschwestern von Tutzing sind heute in 18 Ländern auf fünf Kontinenten tätig.

Die Benediktinerinnen und Benediktiner sind kein zentralisierter Orden, sondern ein Zusammenschluss von selbständigen Klöstern. Auf Wunsch von Papst Leo XIII. (1810–1903) entstand Ende des neunzehnten Jahrhunderts die «Benediktinische Konföderation», der die benediktinischen Klöster weltweit angehören. Die Selbständigkeit jedes Klosters blieb dadurch aber unangetastet. Die benediktinischen Frauenklöster im deutschen Sprachgebiet schlossen sich zur Vereinigung der Benediktinerinnen Deutschlands (VBD) zusammen. Weltweit gibt es rund 16 000 Benediktinerinnen.

26. Was sind vinzentinische Frauengemeinschaften? Hinter dem Begriff «Vinzentinerinnen» stehen verschiedene Frauengemeinschaften, die sich den heiligen Vinzenz von Paul (1581–1660) zum Stifter erwählt haben, darunter die 1633 durch den heiligen Vinzenz von Paul selbst und die heilige Louise von Marillac gegründete «Genossenschaft der Töchter der christlichen Liebe» (französisch *Compagnie des Filles de la Charité*). Sie hat heute weltweit rund 20 000 Mitglieder. Daneben gibt es die Föderation der «Barmherzigen Schwestern vom heiligen Vinzenz von Paul», die im achtzehnten Jahrhundert von Straßburg aus gegründet wurde und heute etwa 4500 Mitglieder hat. Weitere Kongregationen dieser Schwestern gibt es in Zams/Tirol und in Zagreb. Nach vinzentinischer Tradition leben auch die Mitglieder der «Barmherzigen Schwestern von Mutter Seton». Die etwa 7000 Ordensfrauen sind vor allem in den USA und Kanada beheimatet.

27. Welchen Aufgaben widmen sich die großen deutschen Ordensgemeinschaften hauptsächlich? Da der Bildung in den benediktinischen Klöstern seit dem frühen Mittelalter eine große Bedeutung beigemessen wurde, hat die Tätigkeit als Lehrer bei den *Benediktinern* Tradition. Angehörige dieser Ordensfamilie erzogen sowohl den Nachwuchs aus den Adelsfamilien als auch begabte junge Menschen aus anderen Bevölkerungsgruppen. Der Bildungsauftrag spielt bei den Benediktinern nach wie vor eine große Rolle. Einige Abteien haben große Schulen, teilweise mit Internaten. Die Ordensleute sind auch in der Jugendarbeit und der Erwachsenenbildung aktiv. Ein weiteres Betätigungsfeld sind die Landwirtschaft und die Herstellung traditioneller Klosterprodukte, darunter Bier, Wein und Liköre. Seit dem neunzehnten Jahrhundert sind Benediktiner auch als Missionare tätig. Die Missionsbenediktiner der Kongregation von St. Ottilien gründeten Missionsstationen in Asien und Afrika, beispielsweise in Peramiho in Tansania. Es war im neunzehnten Jahrhundert eine Besonderheit, dass ein kontemplativer Orden wie die Benediktiner auszog, um Missionsarbeit zu betreiben.

Traditionelle Tätigkeitsfelder der *Franziskaner* sind die Seelsorge und die Wissenschaft. Auch heute sind Franziskaner in diesen Bereichen aktiv, als Pfarrer, Sozialarbeiter, Wallfahrtsleiter, Religions- und Hochschullehrer, als Betreuer an sozialen Brennpunkten.

Hauptaufgabenfelder der *Jesuiten* sind die Ausbreitung und Festigung des Glaubens durch Predigt und Seelsorge. Wichtige Bestandteile ihrer Arbeit sind darüber hinaus Unterricht, wissenschaftliche Arbeit und Exerzitien. Die Jesuiten betreiben Gymnasien und Hochschulen. Sie sind in Forschung und Lehre tätig.

Die *Salesianer Don Boscos* sind in Deutschland in Jugendzentren, Jugendbildungsstätten, Wohnheimen, Schulen, Hochschulen, Berufsbildungswerken und als Seelsorger tätig. In Benediktbeuern betreiben sie eine Theologisch-Philosophische Hochschule. Der Orden ist also nach wie vor seinem Gründungsziel, der Jugendarbeit, Jugendausbildung und der Jugendseelsorge, verbunden. Daneben betreibt der Orden in der Don Bosco Medien GmbH einen eigenen Buchverlag sowie eine Buchhandlung und veröffentlicht Zeitschriften.

Der Fokus der *Steyler Missionare* liegt im Sinne ihres Begründers

Arnold Janssen auf der weltweiten Missionsarbeit. Sie engagieren sich insbesondere im Bereich der Erstevangelisierung und des Bibelapostolats.

Die *Pallottiner* unterhalten in Deutschland an rund fünfzig Standorten Jugend- und Bildungseinrichtungen wie Schulen, eine Hochschule, Jugendhilfestätten sowie Exerzitien- und Jugendhäuser. Die Ordensmitglieder betreuen als Seelsorger auch Pfarreien in der Umgebung.

28. In welchen Ländern gibt es die meisten Ordensmitglieder? Weltweit gibt es knapp eine Million katholischer Ordensleute. 753 400 Ordensfrauen, 55 105 Ordensbrüder und 136 171 Ordenspriester wirken auf allen Kontinenten. Die weitaus meisten von ihnen sind in Europa tätig, nämlich rund 316 000 weibliche Ordensmitglieder und rund 52 000 Ordenspriester. An nächster Stelle steht der amerikanische Kontinent mit rund 210 000 Ordensfrauen und rund 42 000 Ordenspriestern, gefolgt von Asien mit rund 155 000 Nonnen und gut 21 000 Ordenspriestern. In Afrika wurden gut 11 000 Ordenspriester und rund 60 000 Ordensfrauen ermittelt. Für Australien, wo ebenfalls Nonnen und Mönche tätig sind, liegen keine Zahlen vor.

29. Was ist der Unterschied zwischen einem kontemplativen und einem aktiven Orden? Das wesentliche Merkmal *kontemplativer Orden* besteht darin, dass sie den Schwerpunkt ihres geistlichen Lebens auf die Beschauung und Betrachtung legen. Sie vollziehen alle Stundengebete in feierlicher, auch gesungener Form und widmen damit mehr gemeinschaftliche Zeit dem Gebet im Sinne des «ora et labora» – des «Bete und arbeite» (siehe auch Frage 14). Bestimmte Phasen des Tages sind darüber hinaus der geistlichen Betrachtung vorbehalten. Ursprünglich waren die Tätigkeiten der Mitglieder kontemplativer Orden vorwiegend nach innen gerichtet. Sie betrieben Studien, verfassten Schriften, widmeten sich künstlerischen und kunsthandwerklichen Arbeiten, beispielsweise der Paramentenstickerei oder Goldschmiedearbeiten. Heute ist dies nicht mehr unbedingt der Fall. Tätigkeiten in Pflegeheimen, Erziehungseinrichtungen, Vorträge oder auch seelsorgerische Arbeiten bringen es mit sich, dass auch die Mitglieder kontemplativer Orden mehr nach außen gehen. Zu den kontemplativen Orden gehören die Benediktiner/innen, die Karmelitinnen/Karmeliten, die Zisterzienser/innen, die Trappisten/Trappistinnen, die Kartäuser und die Klarissen.

Die *aktiven Orden* sehen in der Eucharistiefeier den geistlichen Schwerpunkt des Tages. Die gemeinschaftlichen Gebete werden rezitiert, nicht gesungen. Das Apostolat, also der Sendungsauftrag der einzelnen Orden, ist sehr unterschiedlich. Schwerpunkte können beispielsweise in der Sozialarbeit liegen, in Erziehungsauftrag und Lehre, in Krankenpflege und Seelsorge. Zu den aktiven Orden gehören zum Beispiel die franziskanischen und die vinzentinischen Gemeinschaften, die Missionsbenediktiner, die Minoriten und der Orden der Barmherzigen Brüder.

Nicht immer kann zwischen kontemplativen und aktiven Orden genau unterschieden werden, da die strengen Formen heute zum Teil aufgeweicht sind. Bei manchen Orden gibt es im Übrigen sowohl kontemplative als auch aktive Zweige, beispielsweise bei den Dominikanerinnen oder den Steyler Frauengemeinschaften (Missionarinnen und Anbetungsschwestern).

30. Was unterscheidet ein Kloster von einer Abtei? Als Abtei (lateinisch *abbatia* = Vaterhaus) wird seit dem elften Jahrhundert ein Kloster bezeichnet, dem ein Abt beziehungsweise eine Äbtissin vorsteht. Benediktiner- und Zisterzienserklöster, deren Konvente aus mehr als zwölf Mitgliedern bestanden, wurden durch den Heiligen Stuhl zu Abteien erhoben.

Die Erhebung einer Abtei zur Erzabtei erfolgt ebenfalls durch Rom. In der Regel wird dieser Titel verliehen, wenn von einer Abtei die Gründungen weiterer Abteien ausgegangen sind. Weltweit gibt es derzeit neun Erzabteien, drei davon im deutschen Sprachraum – Sankt Peter in Salzburg, Beuron und Sankt Ottilien. Der Erzabt von Sankt Ottilien ist auch gleichzeitig Abtpräses, also Leiter der gesamten Kongregation von Sankt Ottilien mit rund zwanzig Klöstern und eintausend Mönchen weltweit. Man berät derzeit allerdings über eine Veränderung dieser Struktur, bei der diese beiden Positionen getrennt und die Ämter von zwei unterschiedlichen Personen ausgeübt werden sollen.

31. Was ist ein Bettelorden? Christliche Bettelorden entstanden im dreizehnten Jahrhundert und stellten das Gebot der Armut in den Vordergrund. Es ist eine Form des Mönchtums, die nicht nur die Besitzlosigkeit für das einzelne Ordensmitglied fordert, sondern auch für Klostergemeinschaften. Die Mitglieder der Bettelorden lebten von Almosen, die sie für ihre Arbeit erhielten, daher rührt auch ihre Bezeichnung. Sie predigten, missionierten und arbeiteten in der Seelsorge. Mitglieder von Bettelorden waren nicht an ein bestimmtes Kloster gebunden. Sie ließen sich auch nicht – wie andere Ordensgemeinschaften – auf dem Land nieder, sondern bevorzugt in den Städten, in denen große soziale Not herrschte. Dort gab es keine Pfarrer, sondern nur Kaplaneien. Die Bettelmönche nahmen daher seelsorgerische Aufgaben wahr und waren als Prediger tätig.

Die Bettelorden breiteten sich bereits im Jahrhundert ihres Entstehens sehr rasch im christlichen Europa aus und gewannen großen Einfluss auf das religiöse Leben. Sie konnten für die Kirche eine große Anzahl an Anhängern zurückgewinnen, die sie durch das Ketzertum verloren hatte. Darüber hinaus waren Bettelmönche auch als Lehrer an den Universitäten tätig. Die bedeutendsten vier Bettelorden waren die Dominikaner, die Franziskaner, die Karmeliten und die Augustiner-Eremiten. Da sich in den Städten eine große Anhängerschaft der Bettelmönche bildete, entstanden allmählich Klöster, in denen sie sich niederließen. Dabei waren die Dominikaner Vorreiter. Bettelordenskirchen wurden errichtet, die Platz für große Menschenmengen boten.

Die orthodoxe Kirche kennt kein Bettelmönchtum, bei den Buddhisten ist es dagegen die ursprünglichste Form des Mönchtums, die in Südostasien heute noch häufig anzutreffen ist.

Mönche in Fiesole, nordöstlich von Florenz. Die Darstellung zeigt eine Szene mit Dominikanern am Dom der toskanischen Stadt. Typisch ist der breite Kragen des Habits, der als Kapuze über den Kopf gezogen werden konnte. Heute tragen die Dominikaner weiße Ordensgewänder mit einer Art Pellerine.

Die hier dargestellten Karmeliten gehören zu den Bettelorden. Sie tragen ein braunes Gewand, darüber einen Überwurf mit Kapuze. Normalerweise hat dieser die Farbe des Untergewands, bei feierlichen Anlässen wählt man jedoch eine weiße Variante.

32. Was ist der Unterschied zwischen Mönchen und Chorherren? Chorherren, die auch Kanoniker oder Stiftsherren genannt werden, sind Kleriker aller Weihestufen, die einem Domkapitel, dem leitenden Gremium einer katholischen Bischofskirche, angehören. Sie wirken gemeinsam an der Liturgie, das heißt der Messe, mit und verrichten gemeinsam das für Weltgeistliche vorgeschriebene Stundengebet. Sie sind keine Ordensmitglieder und keine Mönche, leben aber im Gegensatz zu anderen Priestern wie Mönche in Gemeinschaften zusammen. Dem Dom- oder Stiftskapitel steht ein Abt oder ein (Dom)propst, manchmal auch der Diözesanbischof selbst vor.

Man unterscheidet zwischen Regularkonikern, die ein Gelübde auf ihr Domstift oder ihr Kollegiatstift ablegen, und Säkularkanonikern, die im Mittelalter teils ein beträchtliches Privatvermögen

Ansicht des Kölner Doms, wie er sich Ende des neunzehnten Jahrhunderts präsentierte. Mit dem gotischen Bau wurde 1248 begonnen. In langwierigen Phasen entstanden bis gegen Ende des fünfzehnten Jahrhunderts einzelne Bauabschnitte, dann kam der Bau für rund 300 Jahre mehr oder weniger zum Erliegen. 1880 wurde der Dom nach mehr als 600 Jahren Bauzeit vollendet.

ansammeln konnten. Die Regularkanoniker werden auch Augustinerchorherren genannt; sie folgen entweder einer maßvollen oder einer später eingeführten strengen Regel. Die von Norbert von Xanten im zwölften Jahrhundert gegründeten Prämonstratenser entschieden sich für die strenge Observanz, den *ordo novus*. Alle Chorherrenregeln werden auf den Kirchenvater Augustinus von Hippo (354–430) zurückgeführt; die sogenannte Kanonikerregel (*regula canonicorum*) wurde im Jahr 755 durch Bischof Chrodegang von Metz in Abgrenzung zum benediktinischen Mönchtum festgelegt und zu Beginn des neunten Jahrhunderts für das gesamte Karolingerreich verbindlich.

Neben den Chorherrenstiften kamen im Hochmittelalter Frauenstifte auf, in denen Kanonissen oder Chorfrauen gemeinsam unter Führung einer Äbtissin lebten. Die meist adligen Mitglieder durften abgetrennte Wohnungen mit einer Dienerin bewohnen und verfügten über teils erheblichen Privatbesitz. Anfangs waren auch Doppelstifte von Chorherren und Chorfrauen verbreitet, die aber mit der Zeit aufgelöst wurden.

Die Chorherren sind heute vorwiegend als Seelsorger tätig.

33. Welche Funktionen hat eine Kongregation und welchen Auftrag die Konföderation? Der Begriff «Kongregation» (lateinisch *congregare* = versammeln) steht für den Zusammenschluss von Menschen oder die Vereinigung von Organisationen zur Verfolgung bestimmter – meist religiöser – Ziele. Seit dem siebzehnten Jahrhundert verwendet man diesen Begriff auch für Ordensgemeinschaften. Im monastischen Bereich ist eine Kongregation in der Regel der Verband mehrerer selbständiger Klöster desselben Ordens. An der Spitze einer Kongregation steht der Abtpräses. Die benediktinischen Klöster haben sich beispielsweise zu Kongregationen zusammengeschlossen. Derzeit gibt es zwanzig davon, in Deutschland die Bayerische Kongregation und die Beuroner Kongregation. Ziel ist es, durch den Zusammenschluss einzelner Klöster übergeordnete Dinge, die alle zugehörigen Gemeinschaften betreffen, gemeinsam zu regeln, sich gegenseitig zu beraten und zu unterstützen. Die Be-

Papst Leo XIII. (1810–1903) betrieb Reformen in der Organisationsstruktur der Orden, darunter derjenigen der Franziskaner und der Benediktiner. Er war maßgeblich an der Gründung der Benediktinischen Konföderation beteiligt.

zeichnung «Kongregation» wird manchmal auch als Begriff für einen Orden verwendet, als Beispiel sei hier die 1895 gegründete Kongregation der Missionare von der Heiligen Familie (*Missionarii a Sacra Familia* = MSF) genannt.

Am 12. Juli 1893 wurde durch Papst Leo XIII. die Benediktinische Konföderation (*Confoederatio Benedictina* = benediktinischer Verband) ins Leben gerufen. Diese wiederum ist der Dachverband aller Kongregationen des Benediktinerordens weltweit. In der päpstlichen Bulle von 1893 wurde festgelegt, dass der Konföderation ein Abtprimas mit Sitz in Rom vorstehen solle, der alle sieben Jahre neu gewählt wird. Derzeit ist dies der Deutsche Notker Wolf, der ehemalige Erzabt von Sankt Ottilien (siehe auch Fragen 87 ff.). Der Abtprimas lebt in der römischen Primatialabtei Sant'Anselmo. Dort treffen sich alle vier Jahre die Benediktineräbte der ganzen Welt zum Kongress der Konföderation. Ziel der Konföderation ist es, zentral Angelegenheiten zu regeln, die den Gesamtorden betreffen. Der Abtprimas hat keine Befugnis, sich in die Abläufe und wirtschaftlichen Belange der einzelnen Klöster einzumischen, er kann nur beratend tätig sein.

34. Was sind Oblaten? Der Begriff «Oblate» (lateinisch *oblatus* = der Hingegebene, Dargebrachte) bezeichnet ein christliches Lebensprogramm. Oblaten sind katholische Christen, verheiratete oder unverheiratete Männer und Frauen, die mitten in unserer Gesellschaft leben. Mit einem Versprechen, der Oblation, binden sie sich an ein bestimmtes Kloster. Die Verbundenheit zwischen diesem Kloster und dem Oblaten besteht vor allem in der Gebetsgemeinschaft. Für den Kontakt zwischen Kloster und Oblaten ist der Oblatenrektor beziehungsweise die Oblatenrektorin zuständig. Sie organisieren und pflegen den Kontakt zu den Oblaten beispielsweise durch regelmäßige Rundschreiben, Einkehrtage und geistliche Begleitung. Auch Priester und Diakone können Oblaten sein. Darüber hinaus gibt es auch Orden, die in ihrem Namen den Begriff «Oblate» verwenden, darunter die «Oblaten des heiligen Franz von Sales», kurz Sales-Oblaten genannt. Sie sind eine katholische Ordensgemeinschaft, die 1872 von Louis Brisson und Maria Salesia Chappuis in Frankreich gegründet wurde. Bereits 1866 hatten die beiden den weiblichen Ordenszweig ins Leben gerufen. Die Ordensmitglieder sind in der Seelsorge, in der Erziehungs- und in der Missionsarbeit tätig. Die «Oblaten von der Makellosen Jungfrau Maria», auch bekannt als «Hünfelder Oblaten», sind eine Missionskongregation, die 1816 durch den heiligen Eugène Mazenot gegründet wurde.

35. Welche Aufgaben haben Missionsorden? Der Begriff «Mission» (lateinisch *missio* = Sendung, Auftrag) bedeutet Glaubensverbreitung. Ordensleute waren schon seit dem fünften Jahrhundert als Missionare tätig, sie trugen zur Christianisierung von Slawen, Kelten und Germanen bei. Die Bettelorden des dreizehnten Jahrhunderts sahen ihre Hauptaufgabe in der Verbreitung des Glaubens und waren in diesem Sinne schwerpunktmäßig ebenfalls missionarisch tätig (siehe auch Frage 31) Sie betrieben «innere Mission», also Mission im eigenen Umfeld. Die «äußere Mission», die Missionierung in anderen Ländern und auf anderen Kontinenten, setzte verstärkt mit dem Kolonialismus ein. Im neunzehnten und frühen zwanzigsten Jahrhundert entstanden zahlreiche Kongregationen, die die Missionierung auf anderen Kontinenten als ihr Hauptziel ansahen und dies auch durch ihren Namen dokumentierten, beispielsweise die «Missionsbenediktinerinnen von Tutzing», die 1885 gegründet wurden, oder auch die 1833 bei Neapel gegründete Kongregation der «Missionare von den Heiligen Herzen Jesu und Mariä».

Noch heute bestehen rund 230 Kongregationen mit dem Schwerpunkt auf der Missionsarbeit. Dabei ist teilweise eine Vermischung von innerer und äußerer Mission entstanden: Mission wird heute auf allen Kontinenten betrieben. Derzeit sind rund 2200 deutsche Ordensmitglieder in der Missionsarbeit aktiv. Alle Einrichtungen der katholischen Kirche in Deutschland, die Missionsarbeit betreiben, sind im «Deutschen Katholischen Missionsrat» (DKMR) zusammengeschlossen, einem Beratungs- und Koordinierungsgremium.

36. Gibt es auch evangelische Orden und Klöster? Da die Reformation Orden und Klöster ablehnte, gibt es nur sehr wenige evangelische ordensähnliche Gemeinschaften. Die Tradition einiger Klöster wurde nach der Reformation durch die sogenannten «Stiftsdamen» weitergeführt, dies waren jedoch keine Orden im eigentlichen Sinne. Das Kloster Loccum bildet die einzige Ausnahme, es wurde 1585 evangelisch, hat seitdem aber keinen Konvent, sondern einen Abt und Konventualen, die außerhalb des Klosters mit ihren Familien leben, aber regelmäßige Treffen im Kloster veranstalten.

Im neunzehnten Jahrhundert entstanden Diakonissenhäuser, in denen religiös orientierte Frauen in Gemeinschaften lebten und karitativ tätig waren. Ihr Auftrag war es auch, innere Mission zu betreiben. Im zwanzigsten Jahrhundert kam es zu einigen Neugründungen evangelischer Klöster, darunter die «Communität Casteller Ring» auf dem Schwanberg im Steigerwald. Dort leben rund dreißig evangelische Ordensfrauen in Ehelosigkeit und Gütergemeinschaft. Ein weiteres Beispiel ist die «Communität Christusbruderschaft Selbitz» in Oberfranken, eine Gemeinschaft aus Schwestern und Brüdern, denen eine Priorin und ein Prior vorstehen. Im Kloster Mariensee in Neustadt bei Hannover leben evangelische Ordensfrauen in einem ehemaligen Zisterzienserkloster. Sie haben eigene Wohnungen, versammeln sich jedoch zu gemeinsamen Chorgebeten. Die evangelische Marienschwesterschaft Darmstadt, 1947 von der Psychologin Klara Schlink begründet, ist heute die größte evangelische Klostergemeinschaft mit rund zweihundert Schwestern und einigen Brüdern. Sie engagieren sich in der Ökumene.

Die Klostergemeinschaft

37. Frauen- und Männerklöster: Welche Unterschiede gibt es? Seit Gründung der ersten Gemeinschaften lebten Frauen im Kloster zurückgezogener als Männer. Die Klausur war strenger, sie durften die Klöster kaum verlassen und gingen Tätigkeiten im Haus nach.

Viele Frauenklöster haben sich heute geöffnet. Notwendig wurde dies vielfach durch die wirtschaftliche Situation der einzelnen Häuser. Nachwuchs gibt es nur noch spärlich, die großen Klöster – nicht selten historische Bauten mit Sanierungsbedarf – müssen unterhalten werden, und so mussten sich die Ordensfrauen neue Geschäftsfelder suchen, um ihr Einkommen zu sichern. Manches Kloster hat leerstehende Trakte zu Gästebereichen umgebaut, und so kommen zunehmend Gäste für einige Tage ins Kloster, die Abstand von ihrem Alltag suchen. Für die Nonnen hat die Aufnahme und Betreuung von Gästen zur Folge, dass sie mehr und mehr mit der Außenwelt in Berührung kommen.

Typische Tätigkeiten, denen sich die Ordensfrauen früher widmeten und die sie ans Kloster banden, verlieren heute an Bedeutung. Eine davon ist beispielsweise die Oblatenbäckerei. Der Bedarf an Hostien hat im Laufe der Jahre mit der Zahl der Gottesdienstbesucher stetig abgenommen, und so gibt es nur noch wenige Frauenklöster, die Hostien produzieren. Auch die Paramentenstickerei, früher ebenfalls eine Domäne der Klosterfrauen, wird in den Ordenshäusern immer weniger praktiziert. Je weniger Priester, desto weniger Messgewänder werden benötigt. Hinzu kommt, dass kaum noch Klosternachwuchs in dieser kunstvollen Sticktechnik, die große Fingerfertigkeit, Stilempfinden und Konzentration verlangt, ausgebildet wird. So schließt manch wunderschön ausgestattetes Stickatelier im Kloster oder führt nur noch Reparaturen aus.

Auch für die Kräuterkunde gab es in jedem Kloster Spezialistinnen. So manche auf diesem Feld erfahrene Nonne ist inzwischen hochbetagt und kann sich dem Kräutergarten nur noch bedingt widmen. Glücklicherweise gibt es in dem einen oder anderen Frauen-

Junge Ordensfrauen beim Gebet Ende des 19. Jahrhunderts. Im Vordergrund eine Novizin, die am weißen Schleier erkennbar ist. Die Kopfbedeckung ist unter dem Kinn geschlossen, so dass kein Haar sichtbar wird. Eine vergleichbare Kopftracht findet man zum Teil auch noch in heutigen Klöstern, beispielsweise bei den Benediktinerinnen in der Kölner Südstadt oder den sogenannten Hildegardschwestern in Rüdesheim am Rhein.

kloster jüngere Ordensfrauen, die diese Tradition fortsetzen, damit das klösterliche Wissen nicht verloren geht.

Die Kerzenproduktion und -dekoration ist ebenso ein typisches Betätigungsfeld der Klosterfrauen. Aber auch in diesem Fall ist die Zahl der Klöster, die sich diesem Kunstgewerbe widmen, rückläufig.

Die heutigen Rahmenbedingungen haben zur Folge, dass die Frauenklöster sich mehr geöffnet haben. Ordensfrauen sind zunehmend in Berufen tätig, die sie außerhalb der Klostermauern ausüben. Dies sind beispielsweise Tätigkeiten in sozialen Bereichen, im Erziehungswesen oder auch in der Kranken- und Altenbetreuung.

Trotz all dieser Entwicklungen kann man sagen, dass die weiblichen Ordensmitglieder nach wie vor zurückgezogener leben als ihre Mitbrüder. Und wer zu Gast in einem weiblichen Konvent ist, wird an mancher Stelle spüren, dass die hierarchischen Strukturen dort besonders stark verfestigt sind. Hier hat der Gehorsam noch eine ganz wesentliche Bedeutung, und es geschieht nichts ohne Genehmigung der Äbtissin oder Hausoberin.

Eine andere Beobachtung kann man hin und wieder beim Besuch verschiedener Klöster machen: Während die Mönche es im Einzelfall einmal erlauben, dass man - auch als weiblicher Gast - die Klausur betritt, achten die Ordensfrauen sehr genau darauf, dass dieser Bereich für Personen, die nicht dem Konvent angehören, tabu ist.

38. Warum gibt es mehr weibliche als männliche Ordensmitglieder? Die Zahl der weiblichen Ordensmitglieder ist deutlich höher als die der männlichen. In Deutschland leben knapp 22 000 Ordensfrauen in 1739 Niederlassungen. Demgegenüber gibt es in der Bundesrepublik knapp 5000 Ordensmänner, die in 469 klösterlichen Niederlassungen leben. Es gibt bei uns also mehr als viermal so viele weibliche wie männliche Ordensmitglieder. Für diese große Diskrepanz gibt es verschiedene Gründe.

Ganz wesentlich dafür ist die hohe Anzahl an Klostereintritten von Frauen in den 1950er Jahren bis Mitte der 1960er Jahre. Nach dem Zweiten Weltkrieg herrschte Männermangel. Frauen, die möglicherweise sonst eine Familie gegründet hätten, suchten den Weg ins Kloster. So konnten sie in einer familiären Gemeinschaft und in sozialer Sicherheit leben. In den kinderreichen Familien der Nachkriegszeit war es nicht unüblich, dass eine oder manchmal auch mehrere Töchter einer katholischen Familie ins Kloster eintraten. Nach dem Frauenbild der damaligen Zeit waren sie so versorgt. Die Eltern konnten also beruhigt sein, dass ihre Töchter auch im Alter finanziell abgesichert und betreut sein würden. Hinzu kam, dass Berufe wie Lehrerin, Kindergärtnerin, Erzieherin oder Tätigkeiten in sozialen Einrichtungen in den 1950er Jahren vermehrt von Ordensfrauen ausgeübt wurden. Diese Berufsbilder hat man in der damaligen Zeit mit dem Kloster in Verbindung gebracht. Für so manche Frau, die sich in dieser beruflichen Richtung engagieren wollte, lag es deshalb nahe, ins Kloster einzutreten.

Ende der 1960er Jahre nahm die Zahl der Klostereintritte deutlich ab. Dies lässt sich auch anhand der Altersstruktur belegen. Rund 83 Prozent der deutschen Ordensfrauen sind heute über 65 Jahre alt.

Die höhere Zahl weiblicher Ordensmitglieder hat noch einen weiteren Grund. Für Frauen, die einen geistlichen Weg einschlagen wollten, gab es die Möglichkeit des Weltpriestertums nicht. Daran hat sich bis heute nichts geändert. Für Männer jedoch gab es immer die Alternative, ein zölibatäres Leben als Weltpriester zu führen. Die Altersstruktur sieht daher bei den männlichen Ordensmitgliedern deutlich anders aus: Nur 53 Prozent sind älter als 65 Jahre.

Die Idee, als Frau im Kloster versorgt zu sein, spielt in unserer heutigen Gesellschaft so gut wie keine Rolle mehr. Zum Glück haben viele Frauen Berufe, die ihnen ein gesichertes Einkommen und damit finanzielle Unabhängigkeit bieten. Das schlägt sich bei den Klostereintritten nieder. Immer weniger Menschen treten ins Kloster ein, und zunehmend entscheiden sich Frauen – aber auch Männer – erst dann dafür, wenn sie bereits eine Berufsausbildung haben und sowohl berufliche als auch Lebenserfahrung sammeln konnten. Für sie ist die Aussicht, im Kloster versorgt zu sein, daher wohl von keiner oder nur von marginaler Bedeutung. So erklärt sich auch, dass es zur Zeit in den Frauen- und Männerorden etwa gleich hohe Novizenzahlen gibt – allerdings auf niedrigem Niveau. Der gesamte Ordensnachwuchs in Deutschland beläuft sich derzeit auf 101 weibliche und 94 männliche Novizen.

39. Welche Bedeutung haben die Gebetszeiten? Für die Menschen im Kloster sind die Gebetszeiten ein wesentlicher Bestandteil des Tagesablaufs. Sie haben ihr Leben Gott geweiht und dokumentieren dies auch regelmäßig, indem sie sich im Gebet zu ihm hinwenden. Es gibt in den Klöstern die gemeinschaftlichen Gebetszeiten und darüber hinaus auch noch individuelle Zeiten, zu denen sich die Ordensleute im Gebet an einen Ort zurückziehen, an dem sie in Ruhe Zwiesprache mit Gott halten können.

Wie wichtig die Gebetszeiten für die Ordensleute sind, beschrieb mir Schwester Mechtild aus der Zisterzienserinnenabtei Waldsassen einmal mit folgenden Worten: «Das Gebet ist für mich lebensnotwendig. Es ist mir ein grundlegendes Bedürfnis und stärkt mich für den Tag.» Damit spricht sie stellvertretend für viele Ordensleute.

Die Menschen im Kloster richten sich in ihren Zellen in der Regel Gebetsecken ein. Oft stehen dort ein Kreuz, eine Marienstatue oder das Bild eines Heiligen, die Bibel und vielfach auch ein Kerzenständer. Viele Ordensleute benutzen einen Gebetsschemel oder ein Meditationskissen. In diese ganz persönliche Nische ziehen sie sich zurück, wenn sie alleine beten. In jedem Kloster gibt es darüber hinaus gemeinschaftliche Gebetszeiten, zu denen man sich in der hauseigenen Kirche oder Kapelle versammelt. In der Regel sind Gäste willkommen und können daran teilnehmen. Täglich können bis zu sechs gemeinschaftliche Gebetszeiten stattfinden, dazu gehören:

Zwei Mönche üben Chorgesänge ein. Auch heute noch sind regelmäßige Gesangsproben unter der sachkundigen Leitung eines Ordensmitglieds in den Konventen üblich.

Vigil (Nachtwache) oder *Morgenhore*. Wird mit einem Psalm begonnen, dem ein Hymnus folgt, dann Psalmen und eine Lesung.	Beginn je nach Kloster zwischen 5 und 6 Uhr
Prim (kleine Hore), gefolgt von den *Laudes* (Lobgesang), oft mit anschließender Eucharistiefeier. Mit der aufgehenden Sonne gedenkt man der Auferstehung Christi. Die Prim gehört zu den sogenannten kleinen Stundengebeten. Die Laudes bestehen aus Gebeten, Psalmen, Hymnus und Lesungen.	Beginn je nach Kloster zwischen 6 und 7 Uhr
Mittagshore. Entstand als Zusammenfassung der sogenannten drei kleinen Stundengebete *Terz*, *Sext* und *Non*.	Beginn in der Regel zwischen 12 und 12.30 Uhr
Vesper (Abendgebet). Mit Hymnen, Psalmen, Vaterunser, Schriftlesung und Fürbitten.	Beginn zwischen 17.30 und 18 Uhr
Komplet (Nachtgebet)	Beginn meist zwischen 19.30 und 20 Uhr

Die Gebetszeiten unterbrechen die Arbeitsphasen im Sinne des Grundsatzes «ora et labora», also des «Bete und arbeite», des heiligen Benedikt. Dieser Leitspruch ist die Basis des klösterlichen Lebensrhythmus. In der Arbeit soll man Gott wohl gefallen und ihn im Gebet preisen. Die Arbeit muss zum Gebet unterbrochen werden. Nur mit wichtigem Grund darf ein Ordensmitglied einer Gebetszeit fernbleiben und muss dies vorher mit dem Hausoberen absprechen (siehe auch Frage 15).

Kein Kloster ohne Gebetszeiten. Ihre Anzahl, ihr Beginn sowie die Dauer variieren von Kloster zu Kloster. Es gibt sogenannte Anbetungsorden, die den ganzen Tag im Gebet vor dem Allerheiligsten verbringen. Dazu gehören beispielsweise die Steyler «Rosa

Schwestern». Aktive Orden, deren Mitglieder sich auch außerhalb der Klöster betätigen, haben weitaus kürzere Gebetszeiten. Auch die Gestaltung des Chorgebets ist unterschiedlich. In manchen Klöstern werden die Texte gesungen, in anderen herrscht das gesprochene Wort vor. Was seit Jahrtausenden gilt, hat auch für heutige Ordensmitglieder Bedeutung: Die Gebetszeiten sind essentielle Bestandteile des Tages.

40. Warum gibt es noch eine Klausur? Der Begriff Klausur ist abgeleitet von dem lateinischen Verb *claudere* = schließen. Er bezeichnet den abgegrenzten Bereich eines Klosters, der nur von den Ordensleuten selbst betreten werden darf. Zur Klausur gehören die Zellen der Konventsmitglieder, das Refektorium, also der klösterliche Speisesaal, und der Kapitelsaal als Versammlungsraum für die Klostergemeinschaft. In der Regel liegt auch der Kreuzgang im Bereich der Klausur. Hin und wieder ist außerdem der Chor, in dem sich die Mönche oder Nonnen zum Gebet versammeln, Teil der Klausur. Dies ist beispielsweise bei den Benediktinerinnen im Kloster Eibingen in Rüdesheim der Fall, die auch unter dem Namen «Hildegardschwestern» bekannt sind.

Die Klausur ist der ureigene Rückzugsbereich der Ordensleute, einer der traditionellen Schweigeorte im Kloster. Er symbolisiert die Wüste als Lebensraum der frühen Mönchsväter. In der Klausur können sich die Konventmitglieder von der Außenwelt zurückziehen und ganz bei sich selbst sein. Gerade in unserer heutigen Zeit, in der auch an Ordensleute zunehmende berufliche und persönliche Anforderungen gestellt werden, ist dieser Bereich wichtig. Da mehr und mehr Klöster heute Gäste aufnehmen, brauchen die Nonnen oder Mönche umso mehr einen Trakt im Kloster, in dem sie sich abschotten und zur Ruhe finden können.

Der persönliche und sehr private Charakter der Klausur wird noch dadurch unterstrichen, dass sich die Ordensleute in der Regel nicht gegenseitig auf den Zellen besuchen. Sie respektieren die Privatsphäre der Mitschwester beziehungsweise des Mitbruders, indem sie sich in den Gemeinschaftsräumen treffen, wenn sie sich austauschen möchten. In ganz seltenen Fällen ist es Laien erlaubt, die Klausur zu betreten. Zum Beispiel, wenn notwendige Handwerkerarbeiten durchgeführt werden müssen oder ärztliche Hilfe benötigt wird.

Aus Platzmangel kann es in Einzelfällen vorkommen, dass leerstehende Zellen in der Klausur mit Gästen belegt werden, wenn sie sonst nirgends untergebracht werden können. In diesen Zimmern beherbergen Männerklöster aber nur männliche und Frauenklöster nur weibliche Gäste (siehe auch Frage 9).

41. Ist das Ordensgewand heute noch zeitgemäß? «Der Habit ist für mich sehr wichtig, denn er demonstriert meine Zugehörigkeit zum Orden. Und warum sollte ich nicht zeigen, dass ich mein Leben Gott geweiht habe?», sagte mir Pater Wolfgang aus dem Kloster Jakobsberg. So wie er sehen es viele Ordensleute, gerade unter dem Klosternachwuchs.

Der Begriff «Habit» – im Plural «Habite» – ist abgeleitet vom lateinischen *habitus* = Haltung, Gestalt. Viele katholische Ordensgemeinschaften, übrigens auch einige evangelische, haben eine Ordenstracht. Benediktiner beispielsweise tragen ein schwarzes Gewand. Bei den Mönchen besteht es aus einem langen, vorne durchgehend geknöpften Untergewand, das in der Taille durch einen Gürtel, das *Zingulum*, gehalten wird. Darüber trägt man das sogenannte *Skapulier*, eine breite Stoffbahn mit Ausschnitt für den Kopf, die vorne und hinten über dem Untergewand hängt und in der Regel die gleiche Länge wie dieses hat. Das Skapulier diente früher wohl als Schürze, und bei manchen männlichen Ordensmitgliedern hat man den Eindruck, dass es heute noch diese Funktion hat.

Das Gewand der Benediktinerinnen ist um einiges aufwändiger. Sie tragen wie ihre Mitbrüder Untergewand und Skapulier, darüber hinaus jedoch auch noch den schwarzen Schleier, der aus einer Art Netz für das Haar und einer Haube besteht. In manchen Klöstern verdecken die Ordensfrauen ihre Haare komplett mit dem Schleier, in anderen Fällen ist er auf das Haar aufgesteckt, und einige Haarsträhnen sind noch sichtbar. Die Novizen sind am kürzeren Skapulier erkennbar, die Novizinnen am weißen Schleier.

Darstellung eines Paters Ende des 19. Jahrhunderts. Typisch für die Mönche der damaligen Zeit ist der *Pileolus* (lat. = Hut, Kappe), das sogenannte *Scheitelkäppchen*.

Von Kloster zu Kloster kann der Habit auch innerhalb eines Ordens leicht variieren. Die Länge von Untergewand oder Schleier kann beispielsweise unterschiedlich sein, auch die Stoffqualität oder die Farbe des Gewands.

Zisterzienser tragen ein weißes Ordensgewand mit schwarzem Skapulier, Prämonstratenser haben eine komplett weiße Tracht, und die Franziskaner braune Kutten, die in der Taille von einem Strick gehalten werden. Die Steyler Missionarinnen haben auch blaue Ordensgewänder, ebenso die Paulus-Schwestern, um nur einige Gemeinschaften zu erwähnen. Zu festlichen Anlässen tragen die Mitglieder mancher Orden auch einen Chormantel mit einer Kapuze, der sogenannten *Kukulle*.

So vielfältig wie die Orden und Klöster, so variantenreich sind auch die Gewänder der Nonnen und Mönche. Art und Stil des Ordensgewands ist in den Satzungen der jeweiligen Gemeinschaft festgelegt. Manche Orden haben keine spezielle Tracht, beispielsweise die Salesianer Don Boscos oder die Jesuiten. Sie tragen Zivil. Hin und wieder kann man sie an einem kleinen Kreuz, das am Revers befestigt ist, erkennen. Es gibt auch evangelische Ordensgemeinschaften mit speziellen Gewändern, die häufig jedoch nur an Festtagen getragen werden.

Ordensgewänder sollen einmal die Zugehörigkeit der Person zur entsprechenden Gemeinschaft dokumentieren, zum anderen aber auch die Individualität des einzelnen Mitglieds zurücknehmen. Vor Gott soll jeder gleich sein. In bestimmten Situationen tragen aber auch Mitglieder von Gemeinschaften, die Ordensgewänder haben, zunehmend Zivil. Beispielsweise wenn sie innerhalb eines Klosters einer Arbeit nachgehen, bei der das Gewand hinderlich ist. Manchmal auch, wenn sie eine berufliche Tätigkeit außerhalb des Klosters ausüben. Im Urlaub verzichten viele Nonnen und Mönche auf ihre Ordenstracht.

Manche ältere Ordensmitglieder allerdings erzählten mir, dass sie eigentlich nie ohne Tracht aus dem Haus gehen. Dies löse zugleich das Problem, was man zu welcher Gelegenheit anziehen solle.

Viele junge Ordensleute legen heute Wert darauf, auf den ersten Blick als Ordensmann oder -frau erkennbar zu sein. Wenn man sich schon in unserer heutigen Gesellschaft für diesen außergewöhnlichen Lebensweg entscheidet, möchte man auch durch das Gewand dokumentieren, dass man voll dahinter steht. Zwar kann es passieren, dass man hin und wieder spöttische Bemerkungen erntet, aber in der Regel ist die Reaktion der Bevölkerung auf Ordensleute positiv. «Mit dem Ordensgewand dokumentiere ich meine Verbundenheit mit Christus. Warum sollte ich verbergen, dass ich mein Leben in seinen Dienst gestellt habe?», sagte mir Schwester Agnes aus der Abtei Waldsassen. Sie steht mit dieser Äußerung stellvertretend für viele Ordensmitglieder der heutigen Zeit.

42. Was passiert im Refektorium, dem klösterlichen Speisesaal? Der Begriff Refektorium ist abgeleitet vom lateinischen *reficere* = erfrischen, erholen. Er steht für die Erfrischung und Labung, die man im klösterlichen Speisesaal zu sich nimmt. Da das Nonnen- beziehungsweise Mönchsrefektorium traditionell im Bereich der Klausur liegt, haben Laien kaum Zugang dazu. Für Gäste gibt es in der Regel ein eigenes Gästerefektorium. In den meisten Klöstern werden die Mahlzeiten schweigend eingenommen. Vielfach wird das Schweigen nur an großen Festtagen, zum Beispiel den kirchlichen Hochfesten wie Ostern und Weihnachten, oder Jubiläen aufgehoben. In manchen Klöstern ist das Gespräch bei Tisch auch an Sonntagen erlaubt. Die Entscheidung hierüber liegt bei der Äbtissin oder dem Abt. Vor der Mahlzeit versammeln sich die Nonnen oder Mönche vor dem Refektorium. Man betritt diesen Raum gemeinsam und stellt sich hinter seinen festgelegten Platz. Dann wird das Tischgebet gesprochen - oft in Richtung des Kreuzes, das in jedem Refektorium hängt. Wenn das Gebet beendet ist, verneigt man sich vor dem Kreuz und nimmt seinen Platz ein. Die Äbtissin oder der Abt hat als Klostervorsteher meist einen hervorgehobenen Platz in der Gemeinschaft. Meist ist dies ein eigener Tisch, von dem aus alle Mitglieder des Konvents gut sichtbar sind. Dann tragen Tischdiener das Essen auf. Diese Tätigkeit wird reihum von jedem Mitglied des Konvents im Wochenturnus ausgeübt. Zwei wesentliche Ideen stecken hinter diesem System: Zum einen soll bei Tisch keine Unruhe entstehen, wenn jeder nach den Schüsseln greift und sich das Essen selbst nimmt. Der wesentlichere Grund ist aber, dass sich niemand dem anderen überlegen fühlen soll, unabhängig davon, welche Ausbildung er hat oder welche Position er im Kloster einnimmt. Jeder soll seinen Mitbruder beziehungsweise seine Mitschwester bedienen. Neben den Tischdienern gibt es noch den Tischleser. Diese Funktion wird im Wechsel von verschiedenen Mitgliedern des Konvents übernommen, allerdings in diesem Fall darauf geachtet, dass die Lesung «wohlgefällig» für die Zuhörer ist. Was bei Tisch gelesen wird, kann sehr unterschiedlich sein. Bei Benediktinern wird die Lesung meist mit Texten aus der Regel Benedikts eröffnet oder beendet. Dazwischen liest man geistliche Literatur oder durchaus auch belletristische oder tagesaktuelle Texte. Manchmal hört man klassische Musik während der Mahlzeiten.

Auf das Zeichen des Klostervorstehers beginnt der Konvent mit dem Essen. Wem dabei einmal ein Missgeschick passiert, zum Beispiel ein Glas umkippt oder eine Gabel zu Boden fällt, der steht auf und verbeugt sich in Richtung des Kreuzes, um sich sozusagen bei Christus für diese Störung zu entschuldigen. Zumindest in einigen Klöstern gibt es diese strenge Regelung. Beendet wird die Mahlzeit ebenfalls durch ein Zeichen des Abts. Er überblickt den Konvent und sieht, wenn der Letzte seinen Teller geleert hat. Damit sie nicht unangenehm auffallen, werden sich bei diesem System sehr schnelle oder sehr langsame Esser dem allgemeinen Tempo anpassen. Auch Zu-spät-Kommer werden sich diese Unart sehr rasch abgewöhnen, da dies im Kloster nicht gerne gesehen wird. In Einzelfällen müssen diese Ordensleute ihre Mahlzeit sogar ausfallen lassen oder sie in der Küche einnehmen. Nach Beendigung der Mahlzeit erheben sich auf ein Zeichen des Abts alle von ihren Plätzen, sprechen das Dankgebet und verlassen schweigend das Refektorium.

43. Wann finden die Mahlzeiten statt? Die Mahlzeiten in den Klöstern sind genau festgelegt. In der Benediktsregel sind für Sommer und Winter unterschiedliche Zeiten für das gemeinsame Essen vorgegeben. Im frühen Mittelalter aß man im Winter, wenn die Tage kurz waren, nur zweimal täglich. Die letzte Mahlzeit fand immer vor Einbruch der Dunkelheit statt, um teures Kerzenlicht zu sparen. Im Sommer, wenn die Mönche körperlich anstrengende Feldarbeit zu leisten hatten, bekamen sie drei Mahlzeiten täglich.

Heute variiert die Anzahl der Mahlzeiten nicht mehr. Das Frühstück nehmen die Nonnen und Mönche in der Regel nach den Laudes und der in vielen Klöstern darauf folgenden Eucharistiefeier ein. Das Morgengebet findet in jedem Fall vor dem Frühstück statt. Bevor man sich körperlich stärkt, muss Gott gepriesen werden. Nach der Mittagshore wird gemeinsam zu Mittag gegessen, bevor man sich für eine kurze Ruhephase zurückzieht. Das Mittagessen beginnt je nach Kloster zwischen 12.00 und 12.45 Uhr. Am Nachmittag gibt es für die Gäste eines Klosters oft noch ein zusätzliches Angebot in Form von Kaffee und Kuchen, wobei man sich selbst bedienen kann. Die Ordensleute machen hiervon kaum Gebrauch. Für sie findet die dritte gemeinsame Mahlzeit am Abend nach der Vesper statt, Beginn ist also je nach Kloster zwischen 18.00 und 18.30 Uhr. Es entspricht zwar nicht mehr Benedikts Vorgaben, die letzte Mahlzeit noch bei Sonnenlicht einzunehmen, aber man verschiebt sie auch nicht in den späten Abend und läuft damit auch nicht Gefahr, mit vollem Magen ins Bett zu gehen.

44. Wie sieht die klösterliche Ernährung aus? Gastfreundschaft ist ein ganz wesentliches Element des klösterlichen Lebens. Dies wird nicht nur durch eine freundliche Aufnahme und Betreuung gewährleistet, sondern auch durch ein besonders reichhaltiges Speiseangebot. Nach dem ganzheitlichen Prinzip «Gutes für Körper, Geist und Seele» wird in Klöstern darauf geachtet, für das leibliche Wohl der Gäste zu sorgen.

Oft ist die Kost bodenständig, es gibt vielfach Hausmannsgerichte, die man in dieser Form und Qualität in Gaststätten und Restaurants nur noch selten findet. Auch in der heimischen Küche sind diese traditionellen Speisen kaum noch an der Tagesordnung. Königsberger Klopse beispielsweise, Szegediner Gulasch, Arme Ritter, hausgemachter Apfelstrudel mit heißer Vanillesoße, Kartäuser Klöße, Forellen aus klostereigener Zucht zählen zu den Köstlichkeiten, mit denen ich in Klöstern schon bewirtet wurde. Das Angebot ist reichlich, und bei der Zusammenstellung des Speiseplans wird auf die Verwendung saisonaler Produkte aus der Region geachtet.

Kirschen aus Chile wird man um die Weihnachtszeit in Klöstern also nicht finden, eher eingemachtes Obst aus dem Klostergarten. Ebenso wenig wird griechischer Spargel zu Jahresbeginn angeboten, sondern vielleicht selbst hergestelltes Sauerkraut oder Kohlrabi aus eigenem Anbau.

In der Regel gibt es mindestens zweimal wöchentlich auch für Gäste fleischlose Kost, in jedem Fall mittwochs und freitags, den klassischen Fastentagen. Die Ordensleute selbst verzichten häufiger auf den Fleischgenuss. Gäste werden in Klöstern meist mit vier Mahlzeiten täglich verwöhnt. Das Frühstück wird in größeren Häusern inzwischen als Buffet angeboten. Auch die Ordensleute selbst haben vielfach ein kleines Buffet am Morgen in ihrem Refektorium. Dies ist vor allem bei größeren Konventen der Fall. Zum Mittagstisch gibt es für Gäste drei Gänge: häufig Suppe als Vorspeise, gefolgt von Hauptgericht und Nachtisch. Des Öfteren steht zusätzlich noch ein kleines Salatbuffet bereit. Damit ihre Ernährung nicht allzu üppig wird, verzichten die Ordensleute in vielen Klöstern auf einen Nachtisch am Mittag. Lediglich das Sonntagsmahl wird durch diesen süßen Abschluss gekrönt. Zu Zeiten des heiligen Benedikt kamen übrigens immer zwei verschiedene Gerichte zur Auswahl auf den Tisch, weil es Mitbrüder gab, die ein Gericht nicht mochten oder nicht vertrugen. Heute wird dies nicht mehr so gehandhabt. Am Nachmittag warten Kaffee und Kuchen auf die Gäste. Auch hier üben die Ordensleute meist Verzicht. Zur Abendmahlzeit gibt es Kaltes: Butter und Brot, Wurst und Käse, hin und wieder auch Salate.

Man achtet im Kloster übrigens nicht nur auf ein ausgewogenes Speisenangebot, sondern auch auf schön gedeckte Tische. Blumen gehören immer dazu, überdies entsprechende Tischwäsche. Dies fällt vor allem in Frauenklöstern ins Auge. An Sonn- und Feiertagen werden die Tische besonders festlich hergerichtet.

Und was trinkt man im Kloster? Dass man auf Alkohol nicht vollkommen verzichten konnte, wusste bereits der heilige Benedikt. In seiner im sechsten Jahrhundert verfassten Regel legte er fest: «Doch mit Rücksicht auf die Schwachen meinen wir, dass für jeden täglich eine Hemina Wein (= rund ¼ Liter) genügt.» (Regel Benedikt, Kap. 44, 3) Schließlich hatte der Ordensvater Lebenserfahrung. Viele Klöster bauten Wein an und stellten Bier her. Was im eigenen Kloster produziert wurde, konnte man den Mitbrüdern schwerlich verwehren. So gönnen sich die Ordensleute an Sonn- und Feiertagen auch mal ein Glas Wein. In dem einen oder anderen Ordenshaus habe ich die Erfahrung gemacht, dass Wein zum täglichen Mittagstisch gehört. Manchmal hat man das Glück, aus eigenem Apfelbestand hergestellten Saft angeboten zu bekommen, was besonders köstlich ist. Klöster mit eigenem Kräutergarten stellen für ihre Gäste und die Mitschwestern beziehungsweise -brüder auch Haustee her.

Um einen kleinen Vorgeschmack auf klösterliche Speisen zu bieten, hier einige klassische Klosterrezepte:

Holunderblütenkücherl

Zutaten (für vier Personen):

8 saubere Holunderblütendolden
3 EL Mehl
6 EL Milch
2 Eier
1 Prise Salz
Fett zum Ausbacken (die Menge so wählen, dass die Kücherl in der Pfanne schwimmen)

Zubereitung:
Die Holunderblüten sollten bei Sonnenschein gepflückt werden, da so der Blütenstaub erhalten bleibt, der wichtig für Geschmack und Zubereitung der Kücherl ist. Sie werden nicht gewaschen, da sonst die Blüten abfallen könnten (aber auf Lausbefall achten!). Nach dem Pflücken am selben Tag noch verarbeiten.

Die Eier mit der Milch verschlagen, dann mit Mehl und Salz vermischen, anschließend das Fett erhitzen. Nun die Blüten einzeln am Stängel anfassen, die Dolden in den Teig tauchen und sofort im heißen Fett ausbacken, bis sie knusprig sind. Wer möchte, kann die einzelnen Dolden vor dem Servieren mit Puderzucker bestreuen.

Apfelstrudel mit Vanillesoße

Zutaten für den Teig (für vier Personen):
250 g Mehl
3 Eier
1 TL Öl
1 EL warmes Wasser
1 Prise Salz

Zubereitung des Teigs:
Alle Zutaten vermischen und zu einem geschmeidigen Teig kneten. Mindestens eine Stunde ruhen lassen. Danach in vier Portionen teilen und jeweils auf einem Tuch sehr dünn ausrollen.

Zutaten für die Füllung:
100 g Semmelbrösel
2 EL Butter
2 kg Äpfel (Boskop oder Kläräpfel)
Saft von ½ Zitrone
50 g gehackte Haselnüsse
30 g Sultaninen
Zimt nach Geschmack
Zucker oder Honig nach Geschmack

Zubereitung der Füllung:
Die Äpfel schälen und in feine Scheiben schneiden. Mit dem Zitronensaft beträufeln, anschließend mit den Haselnüssen und den Sultaninen vermischen. Mit Zimt und Zucker oder Honig abschmecken. – Die Semmelbrösel in der Butter anrösten und auf den Teigstücken gleichmäßig verteilen. – Nun die Apfelmasse auf den mit Semmelbröseln belegten Teig geben. Die Teigteile mit Hilfe des Tuchs aufrollen. Mit ein wenig Butter bestreichen. Bei 200 Grad Umluft rund 30–40 Minuten (je nach Durchmesser des Strudels) im vorgeheizten Backofen backen.

Zutaten für die Vanillesoße:
10 g Vanillepuddingpulver
½ l Milch
Zucker nach Geschmack

Zubereitung:
Die Milch zum Kochen bringen. Das Vanillepuddingpulver erst in ein wenig kalter Milch anrühren, dann in die kochende Milch geben und kurz aufkochen lassen. Mit Zucker oder Honig abschmecken. In einem eigenen Gefäß zum Apfelstrudel servieren.

Kartäuserklöße

Zutaten (für 4 Personen):
8 trockene Semmeln
1 l Milch
2 Eier
Zucker nach Geschmack
Fett zum Ausbacken
Zucker und Zimt zum Bestreuen

Zubereitung:
Milch, Eier und etwas Zucker verrühren. Die Semmeln waagerecht halbieren und in der Flüssigkeit einweichen. Wenn sie gut durchgezogen sind, ein Sieb in eine Schüssel hängen, und die Semmelhälften darauf abtropfen lassen. Nun das Fett in einem Topf heiß werden lassen, und die Semmeln darin frittieren. Anschließend in Zucker und Zimt wälzen. Wer das Gericht noch etwas verfeinern möchte, kann Vanillesoße oder Apfelkompott dazu servieren.

Sauerampfersuppe

Zutaten (für vier Personen):
2 EL fein gehackte Zwiebeln
1 EL Butterfett oder Öl
50 g Mehl
1 l Fleisch- oder Gemüsebrühe
2 Suppenteller voll klein gehackte Sauerampferblätter
2 Bärlauchblätter
2 Gierschblätter
Salz nach Geschmack

Zubereitung:
Die Zwiebeln in Fett glasig andünsten, dann das Mehl dazugeben, mit den Zwiebeln vermischen und kurz durchrühren. Anschließend mit der Brühe aufgießen und 10 Minuten köcheln lassen. Nun den fein geschnittenen Sauerampfer sowie die anderen Kräuter dazugeben, kurz aufkochen lassen, je nach Geschmack etwas Sahne (max. 4 EL) hinzufügen und servieren.

45. Fasten: Wann und wie häufig findet es im Kloster statt? Fasten ist im Kloster Tradition. Seit Jahrhunderten ist dies eine von Ordensleuten praktizierte Methode, um Körper, Geist und Seele zu reinigen. Schon in vorchristlicher Zeit spielte der Verzicht auf feste Nahrung eine Rolle, etwa bei Mose, der nach der Legende vierzig Tage und Nächte in der Wüste Sinai fastete, bevor Gott ihm die Zehn Gebote offenbarte. Durch das Fasten bereitete er sich auf dieses außergewöhnliche Ereignis vor. Auch Elija, der israelitische Prophet, soll in die Wüste geführt worden sein, um sich dort durch Fasten auf eine große Mission vorzubereiten. Er blieb ebenfalls vierzig Tage, bis er durch eine Botschaft des Engels erfuhr, dass seine Fastenzeit beendet sei (2. Könige 1,19). Auch Jesus zog sich zu einem inneren Reinigungsprozess in die Wüste zurück, um Buße zu tun und sich auf seine öffentlichen Auftritte vorzubereiten (Lukas 4,1–13).

Die Zahl vierzig, die bei in der Bibel beschriebenen Fastenphasen immer wieder genannt wird, bezieht sich wahrscheinlich auf die vierzig Jahre, die das jüdische Volk durch die Wüste wandern musste, ehe es das Gelobte Land erreichte (5. Mose 29,4). Zudem stimmen die vierzig Tage in etwa mit dem Zeitraum überein, den ein gesunder Mensch normalerweise ohne feste Nahrung überleben kann, ohne gesundheitliche Schäden davonzutragen.

Bei den frühen Mönchen des vierten Jahrhunderts war das Fasten besonders populär. Sie wollten sich äußerlich und innerlich reinigen, damit Gott ihren Leib ganz durchdringen könne. Viele fasteten über einen langen Zeitraum fünf Tage pro Woche und aßen nur Samstag und Sonntag, andere aßen nur einmal täglich. Sie zogen sich dafür in die Wüste zurück. Die Wüste ist ein traditioneller Fastenort und symbolisiert die Abgeschiedenheit von der restlichen Welt sowie das Bewusstsein, ausgedörrt, wüst und leer zu sein. In einem solchen Zustand ist es an der Zeit, sich zurückzuziehen, um seine Ressourcen zu erneuern.

Der Kirchenvater Augustinus setzte sich von diesem exzessiven Fasten ab. Nach seiner Meinung sollte jeder Mensch sorgsam mit seinem Leib umgehen und ihn nicht ständig extremen Prüfungen unterziehen. Der heilige Benedikt schloss sich dieser Meinung an.

Für ihn war das Fasten die Vorbereitung auf ein besonderes Ereignis, nämlich auf Ostern, die Auferstehung Christi. Das Fasten sollte Körper und Geist reinigen, deshalb war das klösterliche Fasten oft auch mit dem Schweigen verbunden. Zwar sollten die Mönche immer enthaltsam leben, aber Benedikt hielt es für notwendig, bestimmte Fastenphasen im Jahreslauf festzulegen. Maßgebend waren dabei einmal die hohen kirchlichen Festtage wie Ostern und Weihnachten, zum anderen der Rhythmus der Jahreszeiten. Im Sommer, wenn die Mönche schwere körperliche Arbeiten auf dem Feld erledigen mussten, konnten sie unmöglich fasten. Im Winter jedoch, wenn die Tage kürzer und die Arbeiten im Haus meist weniger anstrengend waren, konnte die Nahrung eher reduziert werden.

Fasten gehört auch heute noch zum klösterlichen Jahreslauf. Die Tradition des Nahrungsverzichts oder der Nahrungsreduktion vor Weihnachten und Ostern hat man in den Ordenshäusern beibehalten. Man verzichtet beispielsweise auf Fleisch, auf Alkohol, auf Nachspeisen. Neben diesem meist durch die Klosterleitung festgelegten Verzicht entscheidet jedes Ordensmitglied ganz persönlich, was es in dieser Zeit entbehren möchte. In einem privaten Gespräch teilt es dies der Äbtissin beziehungsweise dem Abt mit und geht so auch eine Verpflichtung ein, das Vorhaben einzuhalten.

Vielfach bieten Klöster für Gäste Fastenseminare an, die in der Regel in der Fastenzeit und ab dem späten Herbst bis Weihnachten stattfinden. Sie dauern meist eine Woche und werden durch ein Ordensmitglied, das über Erfahrungen als Fastenleiter verfügt, begleitet. Meist stehen den Teilnehmern darüber hinaus auch ärztliche Betreuung sowie Bewegungs-, Meditations- und kreative Angebote zur Verfügung. Das Besondere an diesen Kursen sind das Kloster als traditioneller Fastenort sowie die spirituelle Betreuung durch die Ordensleute.

46. Gehorsam: Was ist heute darunter zu verstehen? Bei der ewigen Profess, also dem feierlichen, öffentlich vorgetragenen Gelöbnis, sich auf ewig an das Ordensleben zu binden, legen die Ordensleute drei Gelübde ab: Bei den Benediktinern sind dies Beständigkeit, klösterlicher Lebenswandel und Gehorsam. Gerade der Begriff «Gehorsam» hat heute einen etwas negativen Beigeschmack. Man denkt an Unterwürfigkeit, Befehlsempfang und mangelnde Eigeninitiative. Bei genauerer Betrachtung stellt man aber fest, dass in diesem Wort der Begriff «hören» steckt. Der heilige Benedikt spricht daher auch vom Kloster als einer «Schule des Hörens». Hören meint dabei nicht gedankenloses Befolgen von Vorgaben oder Befehlen, sondern hinhören, aufmerksam sein, auch, dem Anderen Gehör schenken, also ihn achten und das, was er tut und sagt, beachten.

Benedikt möchte keine Duckmäuser im Kloster, die innerlich murrend das ausführen, was ihnen der Obere vorgibt, sondern er schreibt: «Ein Gehorsam ... ist nur Gott angenehm und für die Menschen beglückend, wenn der Befehl nicht zaghaft, nicht saumselig, nicht lustlos oder gar mit Murren oder Widerrede ausgeführt wird.» (Regel Benedikt, Kap. 5, 14) Leichter gesagt als getan.

Wie wird heute in Klöstern mit dem Thema «Gehorsam» umgegangen? In der Ausbildung der Novizen wird auf den Gehorsam großer Wert gelegt. Dabei gibt es natürlich von Kloster zu Kloster verschiedene Ausprägungen. Ich habe Frauenklöster erlebt, in denen der Nachwuchs keine Briefe schreiben durfte, Telefonate nur zu wenigen Gelegenheiten erlaubt waren und das Kloster nicht verlassen werden durfte. Ich erinnere mich an Gespräche, in denen Novizinnen, die erst in fortgeschrittenerem Alter ins Kloster eingetreten waren, tränenreich berichteten, dass sie nicht zur Beerdigung einer verstorbenen Freundin gehen oder ihrer Nichte zum Geburtstag schreiben durften. Solche Fälle gibt es durchaus. Die Klostervorsteherin wollte die Prüfungszeit möglichst streng gestalten. So sollten die Kandidatinnen sich darüber klar werden, ob sie dem Klosterleben wirklich gewachsen waren. Nach meinem Eindruck herrschen diesbezüglich in Frauenklöstern noch strengere Regeln als in Männerklöstern. Aber auch dort muss der Obere in vielen Dingen gefragt werden, beispielsweise wenn man außerhalb des Klosters etwas zu erledigen hat, Außenkontakte pflegen oder persönliche Geschenke behalten möchte. Man muss sich an der

Gemeinschaft orientieren und darf keine eigenen Wege gehen, wenn man sich für das Leben hinter Klostermauern entscheidet. Vor allem für Menschen, die bereits über einige Lebenserfahrung verfügen und ihren eigenen Hausstand hatten, bevor sie ins Kloster eintraten, ist dies nicht einfach. Deshalb dauert die Prüfungszeit vor der endgültigen Aufnahme ins Kloster rund fünf Jahre. Manch einer erkennt in dieser Zeit, dass dies nicht der für ihn geeignete Weg ist. Und hin und wieder erlebt man, dass sich selbst langjährige Ordensmitglieder über Anordnungen durch die Klosterleitung beklagen, die sie nicht nachvollziehen können. Des Öfteren mangelt es auch in diesen Häusern – wie überall im zwischenmenschlichen Leben – an der Kommunikation.

47. Schweigen: Zu welchen Zeiten und an welchen Orten ist es üblich? Schweigen gehört zum Klosterleben. Es gibt Schweigephasen, Schweigeorte und auch Schweigeorden. Zu den Schweigeorden gehören beispielsweise die Kartäuser, die nur am Sonntag sprechen und sich ansonsten durch Blicke und Zeichen verständigen. Sie haben gelernt, ohne Worte auszukommen. Auch die 1896 gegründete Kongregation der Steyler Anbetungsschwestern, offiziell «Dienerinnen des Heiligen Geistes von der ewigen Anbetung» – im Volksmund wegen ihrer Kleidung «Rosa Schwestern» genannt –, verbringen ihren Tag schweigend.

Wenn auch in anderen Orden die Schweigevorschriften nicht so strikt sind, so haben Schweigephasen in jedem Kloster eine wichtige Bedeutung. Dabei geht es darum, in die Stille einzutauchen und offen zu werden für Gott. Das Schweigen soll helfen, sich zu besinnen und seine Worte mit Bedacht zu wählen. Für Ordensleute sind diese Schweigephasen daher sehr wertvoll. Gerade Nonnen und Mönche, die aufgrund ihrer Tätigkeiten besonders viel reden müssen, beispielsweise an der Pforte, bei der Gästebetreuung oder beim Telefondienst, freuen sich auf die «redefreie» Zeit. Grundsätzlich sind die Ordensleute angehalten, überflüssige Worte zu vermeiden. Geschwiegen wird in jedem Fall nach dem Nachtgebet, der Komplet, bis nach den Laudes, dem morgendlichen Lobgesang. Ge-

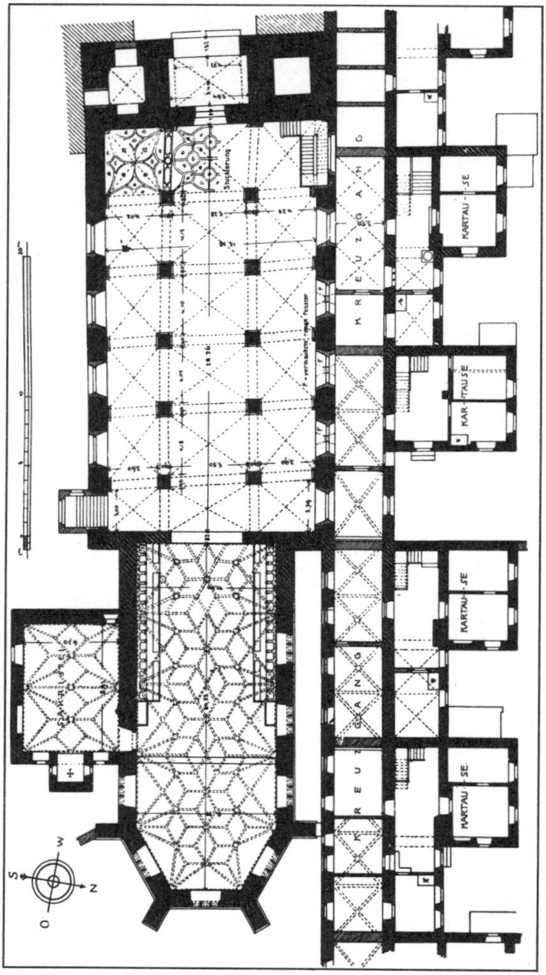

Charakteristisch für die Kartäuser ist ihr Schweigen. Sie verbinden die eremitische mit der monastischen Lebensweise: Um den großen Kreuzgang herum sind die Einsiedeleien der Patres angeordnet, voneinander getrennte Wohnhäuser, die meist auch einen Garten haben. In der Regel bestehen die Häuser aus einem Vorraum (Ave Maria), einem Aufenthalts- und Schlafraum (Cubiculum) mit einem Gebetsstuhl (Oratorium) sowie einer Werkstatt (Laboratorium). Hier der Grundriss der Kirche und des nördlichen Kreuzgangflügels der ehemaligen Kartause Prüll in Regensburg.

schwiegen wird in den meisten Klöstern auch während der Mahlzeiten – am Sonntag ist das Schweigegebot manchmal aufgehoben. Klösterliche Schweigeorte sind traditionell auch – neben dem Refektorium, dem Speisesaal – die Kirche, der Kreuzgang und die Klausur. Dies gilt natürlich auch für klösterliche Gäste. Auf den Fluren ist man grundsätzlich angehalten, lautes Reden zu vermeiden.

Manche Klöster veranstalten für Gäste mehrtägige Schweigekurse, die sich großer Nachfrage erfreuen. Wenn es auch manchem Teilnehmer anfangs schwer fällt, seine Worte zurückzuhalten, so verspürt man doch nach einer gewissen Zeit, wie erleichternd es sein kann, nicht reden zu müssen. Darüber hinaus führt die Stille oft zu einer vertieften Selbsterkenntnis.

48. Was ist ein Schweigekurs? Vor wenigen Jahren buchte ich eine knappe Woche «Fasten und Schweigen» in einer fränkischen Benediktinerabtei. Fastenerfahrung hatte ich bereits, da ich jedes Frühjahr eine Heilfastenwoche im Kloster und eine weitere im Herbst zu Hause durchführe. Mit dem zusätzlichen Schweigegebot hatte ich mich, wie die frühen Mönche, auf den Weg der Askese eingelassen. Diese wollten sich innerlich und äußerlich reinigen, damit Gottes Geist den Leib ganz und gar durchdringe. Für mich war diese Erfahrung damals völlig neu und fast abenteuerlich.

Was mir am Anfang besonders zu schaffen machte, war die Situation, mit fremden Menschen an einem Tisch zu sitzen und kein Wort wechseln zu dürfen. Wo sollte man hinschauen, wie sich verständigen und Mahlzeiten hinter sich bringen? Dieses Problem gab sich jedoch rasch, man verständigte sich mit einem Lächeln und mit Zeichen und empfand die Situation schließlich als ganz normal. Etwa nach zwei Tagen machte sich bei mir sogar Erleichterung breit, nicht Konversation machen zu müssen. Mir wurde klar, dass wir nicht nur im Laufe der Zeit sehr viele überflüssige Worte produzieren, mit denen wir wesentliche Dinge zudecken. Ich hatte plötzlich auch viel mehr Zeit zum Lesen, für Spaziergänge und zum Betrachten der Natur.

An unserem letzten Tag brachen wir mit dem Fasten auch das

Schweigen. Welche Überraschungen erlebte ich, als ich plötzlich mit den Menschen redete, die sich tagelang nur durch ihre Körpersprache ausdrückten. Wir waren irgendwie zusammengeschweißt, ohne miteinander gesprochen zu haben. Mir wurde klar, wie sehr man die anderen oft nur nach ihren Worthülsen beurteilt, ohne auf die Sprache ihres Körpers zu achten. Worte schütten manchmal die wichtigen Dinge zu, genauso wie zu reichhaltiges und häufiges Essen. Nach einer knappen Woche fuhr ich erleichtert an Körper und Seele nach Hause.

Der Einzelne in der Gemeinschaft

49. Wie sieht der Privatbereich eines Ordensmitglieds aus? Die sogenannte Klosterzelle ist der ganz private Bereich eines jeden Ordensmitglieds. Der Begriff Zelle deutet darauf hin, dass das Zimmer karg, schlicht und nur mit dem Notwendigsten ausgestattet sein sollte. In früheren Jahrhunderten hatten Ordensleute einen gemeinsamen Schlafsaal, in dem die Schlafstellen manchmal durch Vorhänge voneinander abgetrennt werden konnten. Es gab für jeden Einzelnen nur ein Bett sowie einen Spind. Noch nach dem Zweiten Weltkrieg wurden Novizen in solchen Schlafsälen untergebracht. Einen privaten Bereich im eigentlichen Sinn gab es nicht. Dies hat sich heute grundlegend geändert, nicht zuletzt deshalb, weil auf Grund des Nachwuchsmangels in Ordenshäusern ein großes Platzangebot besteht. So hat jedes Mitglied eines Konvents ein eigenes Zimmer, auch die Novizen. Dieser private Bereich ist für andere tabu. In vielen Klöstern gilt, dass sich nicht einmal die Mitschwestern beziehungsweise -brüder gegenseitig auf ihren Zimmern besuchen, um die Privatsphäre zu wahren.

Inzwischen gehört zu diesen Zimmern oft ein eigenes kleines Duschbad. Es gibt aber auch noch Klöster mit Gemeinschaftsduschen auf dem Flur. In der Abtei Münsterschwarzach hat der Konvent sich vor nicht allzu langer Zeit gegen den Einbau von Duschen in den einzelnen Zimmern entschieden, da man das nicht brauche.

Die Grundmöblierung der Räume stellt in der Regel das Kloster, um zu vermeiden, dass jemand eine kostspielige Einrichtung mitbringt. Es soll auch hier das Prinzip der Gleichheit herrschen. So bringen neue Klostermitglieder beim Einzug lediglich wenige persönliche Gegenstände mit, wie Fotos, Bilder, CDs oder Bücher. Den Rest verschenken sie oder geben ihn ihrer Familie. Wer das Glück hat, einmal in Klosterzellen Einblick zu bekommen, wird feststellen, dass die Räume ganz individuell ausgestaltet sind. Manche sind mit wenigen Gegenständen eingerichtet, andere mit den verschiedensten Dingen angefüllt.

Pater Anselm Grün erzählte mir einmal, dass es in seiner Abtei Münsterschwarzach einen jährlichen Entrümpelungstag gebe. Dann sind alle Mitbrüder angehalten, die Gegenstände, die sie nicht mehr brauchen, vor die Zellentür zu stellen. Er meinte, es sei erstaunlich, was sich bei dem einen oder anderen im Laufe eines Jahres angesammelt habe – nicht anders als bei manchem von uns zu Hause.

50. Hat ein Mönch Eigentum? Vor dem Ablegen der ewigen Gelübde müssen die Ordensleute sich entscheiden, was mit ihrem weltlichen Besitz passieren soll. Per Testament legen sie fest, ob sie diesen beispielsweise der Familie, einem Freund oder dem Kloster vermachen wollen. Das neue Klostermitglied darf bei seinem Eintritt nicht über persönlichen Besitz verfügen. Lediglich einige wenige private Dinge wie Fotos, Bücher, CDs und Andenken dürfen ins Kloster mitgenommen werden.

Alles, was die Nonne oder der Mönch braucht, wird von diesem Zeitpunkt an durch das Kloster gestellt. Auf der anderen Seite gehören auch alle Einkünfte, die der Einzelne im Laufe seines Klosterlebens erwirbt, dem Konvent. Dies betrifft beispielsweise Gehälter, die Nonnen oder Mönche durch Tätigkeiten außerhalb des Klosters beziehen, aber auch Honorare. Pater Anselm Grün zum Beispiel leistet als Bestsellerautor durch seine Buch- und Vortragshonorare einen beträchtlichen Beitrag für die Gemeinschaftskasse seiner Abtei. «Wir haben eine Art Kommunismus hinter Klostermauern», sagte mir einmal der Abt eines großen Konvents scherzhaft. Ordensmitglieder leben in einer Gütergemeinschaft. Bekommt jemand etwas geschenkt, so muss er die Klosterleitung fragen, ob er den Gegenstand behalten darf. Jedoch keine Regel ohne Ausnahme: Bei kleineren Dingen, so habe ich erfahren, umgeht man diese Regelung doch manches Mal. Der Verzicht auf persönlichen Besitz ist für viele nicht einfach. Jedoch besitzen die Mitglieder eines Konvents ja als Gemeinschaft nicht wenig, neben der Immobilie des Klosters inklusive Ländereien zum Beispiel manchmal auch klostereigene Betriebe, gemeinschaftlich genutzte Autos, oft große Bibliotheken.

Schließlich geloben die Ordensleute bei der ewigen Profess den «klösterlichen Lebenswandel», *conversatio morum*, der auch ein Leben in Gütergemeinschaft umfasst. Im Kloster soll jeder gleich sein, auch was die finanzielle Ausstattung betrifft (siehe auch Frage 12).

Benötigt ein Ordensmitglied eine neue Anschaffung, beispielsweise Kleidung oder Büroausstattung, so muss es mit seiner Bitte an den Abt oder Cellerar, den klösterlichen Finanzchef, herantreten. Gemeinsam wird dann entschieden, ob die Anschaffung nötig ist, und das entsprechende Geld zum Kauf übergeben. Da heißt es manchmal abwägen. In einer solchen Gemeinschaft ist es wichtig, dass niemand bevorzugt wird, und nicht immer fühlt sich jeder gerecht behandelt. Natürlich hat so manches Ordensmitglied auf der eigenen Zelle inzwischen einen Computer. Ohne dieses moderne Kommunikationsmittel kommt man auch innerhalb des Klosters kaum mehr aus. Ordensmitglieder, die einer Tätigkeit außerhalb des Klosters nachgehen, verfügen in der Regel über eine Art Taschengeld. So können sie kleine Ausgaben, z. B. für Fahrkarten oder einen Imbiss, ohne vorherige Genehmigung tätigen.

51. Wann kann man im Kloster ganz für sich sein? Der ganz persönliche Rückzugsort für jeden Einzelnen im Kloster ist die Zelle. Dies ist der private Bereich, in dem jedes Konventsmitglied für sich sein kann. In der Regel zieht man sich dorthin nach der Komplet, dem Nachgebet, zurück. In manchen Klöstern findet danach noch eine Rekreation (lateinisch *recreare* = sich erholen) statt, also ein ungezwungenes Beisammensein, beispielsweise bei Kartenspiel oder Fernsehen. Spätestens nach Beendigung dieser gemeinschaftlichen Zeit zieht man sich in die Zelle zurück und bleibt dort bis zum gemeinsamen ersten Morgengebet mit der Klostergemeinschaft. Auch die morgendliche Meditation, mit der viele Ordensleute den Tag beginnen, findet meist allein im privaten Bereich statt. Eine weitere Rückzugsphase ist die Mittagszeit. Nach dem Mittagsgebet, der Mittagshore, und dem gemeinschaftlichen Essen im Refektorium zieht man sich zur Mittagsruhe auf das eigene Zimmer zurück. Zwischen 12 und 14 Uhr sind Klosterpforte und -telefon in der Regel unbesetzt. Da die Ordensleute sehr früh aufstehen, brauchen sie in der Mitte des Tages eine Pause. Gerade weil Sie sehr viel Zeit in der Gemeinschaft verbringen, ist es wichtig, täglich auch Zeit ganz für sich zu haben. Darüber hinaus gibt es im Kloster sogenannte «Wüstentage», an denen man sich zurückziehen kann. Vier bis fünf sind es in der Regel pro Jahr.

52. Haben Ordensleute Urlaub? Im Gegensatz zu früheren Jahrzehnten haben Nonnen und Mönche heutzutage Urlaub. Wie jeder von uns brauchen auch Ordensleute einmal einen Ortswechsel, um Abstand vom Alltag zu bekommen. In der Regel beträgt die offizielle Urlaubszeit zwei bis drei Wochen. Für diese Zeit erhalten die Ordensleute ein relativ bescheidenes Taschengeld. Die Nonnen eines Klosters in einer mitteldeutschen Großstadt bekommen beispielsweise 150 Euro, die Mönche einer Abtei im nördlichen Bayern bereits 300 Euro. In jedem Fall sind die Beträge so, dass man keine großen Sprünge machen kann. Deshalb fahren viele Ordensleute zu ihrer Familie oder besuchen Freunde. Sehr häufig machen sie Ferien in befreundeten Klöstern, manchmal auch im Ausland. Vor allem in Frauenklöstern gibt es auch den «Urlaub in den eigenen vier Wänden». Man bleibt im Kloster, klinkt sich aber aus dem gemeinsamen Tagesablauf aus und gestaltet den Tag nach eigenen Wünschen, beispielsweise mit Ausflügen oder Wanderungen. Im Kloster Bernried gibt es sogar ein kleines Ferienapartment, das Schwestern des Hauses an ihren Urlaubstagen nutzen und in dem sie sich selbst verpflegen können. In der Zisterzienserinnenabtei Oberschönenfeld steht im Garten der weitläufigen Klosteranlage das «Haus Emmaus». Es ist ein sehr geschmackvoll und gemütlich ausgestattetes kleines Häuschen mit Schlafräumen und eigener Küche, in dem die Schwestern ihren Urlaub verbringen können, ohne die Klosteranlage verlassen zu müssen. Gerade für ältere Ordensmitglieder ist dies eine gute Alternative.

53. Für immer gebunden? Wann und unter welchen Bedingungen ist der Austritt aus einem Kloster möglich? Mit dem Ablegen der ewigen Gelübde ist man in der Regel für immer gebunden. Zwar gibt es keine Statistik über die Anzahl der Austritte, aber es kommt immer wieder vor, dass Ordensmitglieder das Kloster wieder verlassen, darunter auch solche, die die ewige Profess schon seit einigen Jahren abgelegt haben. Die Exklaustration (*exclaustrare* = ausschließen), der Ausschluss aus dem Orden und die Entbindung von den Gelübden, ist ein aufwändiger Prozess. Es gibt ja die rund fünfjährige Probezeit vor dem endgültigen Eintritt ins Kloster, damit man wirklich Zeit hat, den Entschluss in sich reifen zu lassen. Bereits nach der zeitlichen Profess, die nach zwei bis drei Jahren erfolgt, kann der Austritt nicht einfach klosterintern genehmigt werden. Vielmehr muss der Bischof der betreffenden Diözese seine Zustimmung geben. Außerdem müssen Vorstand und Rat der Kongregation diesen Schritt genehmigen.

Wurden bereits die ewigen Gelübde abgelegt, so muss der Antrag auf Austritt sogar bei der Religiosenkongregation – einer Art päpstlichem Ministerium – in Rom eingereicht werden. Die Entbindung von den Gelübden erfolgt dann direkt in Rom. Tauchen bei einem Konventsmitglied Zweifel auf, so beurlauben manche Klöster dieses auch für eine Weile und räumen ihm so Bedenkzeit ein. Man möchte den aufwändigen und die Klostergemeinschaft belastenden Prozess des Ausschlusses wirklich nur dann in Gang setzen, wenn er für die betreffende Nonne beziehungsweise den Mönch unvermeidbar ist.

Steht dann der Entschluss doch fest und verlässt das Ordensmitglied seinen Konvent für immer, so steht es nicht mittellos da. Die Klöster zahlen für ihre Mitglieder Renten- und Krankenkassenbeiträge. Deren Zahlung kann der Ausgetretene dann fortsetzen. Außerdem erhält der ehemalige Mitbruder beziehungsweise die ehemalige Mitschwester in der Regel eine Art Ausgleichszahlung für die Jahre im Kloster, quasi als Starthilfe für den neuen Lebensabschnitt. Wie auch immer sich das Procedere im Einzelfall gestaltet, eine Trennung vom Konvent ist für beide Seiten meist sehr belastend.

Organisation und Leitung von Klöstern

54. Wie ist ein Kloster normalerweise organisiert? Es gibt keine einheitliche, ordensübergreifende Hierarchie, die die Struktur von Klöstern regelt, diese ist vielmehr Sache des einzelnen Ordens selbst. Sie wird in den Ordensregeln und Klosterstatuten festgelegt. In jedem Kloster gibt es ein Team an Führungskräften. Vorsteher ist der *Abt* beziehungsweise die *Äbtissin*. Sie werden in geheimer Wahl vom Konvent, also der gesamten Klostergemeinschaft, gewählt. Ausgenommen vom Wahlrecht sind diejenigen, die noch keine ewige Profess haben. Der Vorsteher einer Erzabtei, also einer Abtei, die weitere Niederlassungen – Filiationen – gegründet hat, heißt Erzabt.

Wenn der Abt beziehungsweise die Äbtissin verstirbt oder eine begrenzte Amtszeit ausläuft, muss ein Nachfolger gewählt werden. Eine Bewerbung um dieses Amt ist nicht möglich. Man sollte auch tunlichst vermeiden, hinter den Kulissen eine Art Wahlkampf zu betreiben. «Dies kann genau das Gegenteil bewirken, nämlich dass genau diese Kandidaten nicht zum Zug kommen», sagte mir ein langjähriges Ordensmitglied einmal. In größeren Konventen findet eine Art Vorentscheidung statt. Vor der eigentlichen Wahl wird bereits einmal abgestimmt. Jeder Kandidat, der eine vorher festgelegte Mindestanzahl an Stimmen erreicht, darf an der endgültigen Wahl teilnehmen, die anderen scheiden aus. Man versucht so, zeitaufwändige Wahlverfahren zu vermeiden. Erhält einer der Kandidaten bei der endgültigen Wahl des Abtes eine Zweidrittelmehrheit, hat er die Wahl gewonnen. Es wird so lange abgestimmt, bis dieser Fall eingetreten ist. Nach Auszählung der Stimmen wird der gewählte Kandidat gefragt, ob er die Wahl annehmen möchte. Normalerweise ist der Zeitraum, in dem man diese Funktion ausübt, zeitlich nicht begrenzt. Allerdings kann ein Abt zurücktreten, wenn er ein gewisses Alter erreicht hat und seine Amtsgeschäfte an einen jüngeren Mitbruder übergeben möchte. Manchmal ist der 70. Geburtstag ein solcher Zeitpunkt. In manchen Klöstern wird der Abt inzwischen auch auf Zeit gewählt. Nach einer vorher festgelegten Anzahl von Jahren muss er sich erneut zur Wahl stellen. Stellvertreter des Abts ist der *Prior*. Er wird vom Abt ernannt. In größeren Konventen gibt es manchmal zusätzlich noch einen *Subprior*. In manchen Fällen kann der Prior auch Leiter eines nicht selbständigen Klosters sein. Gleiches gilt auch für eine Hausoberin. In beiden Fällen werden diese Posten normalerweise durch den Abt beziehungsweise die Äbtissin des Mutterhauses besetzt. Eine weitere wichtige Position, die vom Abt besetzt wird, ist die des wirtschaftlichen Leiters, bei den Benediktinern heißt er *Cellerar*, bei anderen Orden auch *Ökonom* oder *Prokurator*. Man könnte diese Position auch als Finanzchef bezeichnen. Sie wird immer von einem Ordensmitglied ausgeübt.

Dem Abt steht ein Rat zur Seite. Er besteht – neben ihm selbst – aus Prior, Cellerar und einer gewissen Anzahl weiterer Mitbrüder, die vom Konvent gewählt werden und diesen vertreten. Bei den Benediktinern heißt dieses Gremium *Seniorat*.

Die weiteren Mitglieder eines Konvents sind die Nonnen beziehungsweise Mönche. Bei den Männern wird noch zwischen Pater (im Plural *Patres*) und Frater (im Plural *Fratres*) unterschieden. Erstere haben die Priesterweihe und dürfen alle damit verbundenen Funktionen – beispielsweise das Lesen der Messe, Taufen, Trauungen, Beerdigungen – vornehmen. Die Fratres, Brüder, haben keine Priesterweihe, manchmal aber eine akademische Ausbildung.

55. Wie sind die Benediktiner organisiert? Die Benediktinerinnen und Benediktiner sind kein zentral organisierter Orden, sondern ein Zusammenschluss selbständiger Klöster. Dieser erfolgte Ende des neunzehnten Jahrhunderts auf Wunsch von Papst Leo XIII. Damals entstand die *Benediktinische Konföderation*. Das Prinzip der Selbstbestimmung und Selbstorganisation jedes einzelnen Klosters blieb aber bis heute erhalten.

Alle acht Jahre wählt der Äbtekongress der Benediktiner den Abtprimas (lateinisch *abbas primas* = der erste, der oberste Vater). Er ist der oberste Repräsentant der Benediktinischen Konföderation in Rom, des weltweiten Zusammenschlusses der benediktinischen Klöster. Aktiv betreibt er den Austausch und die Hilfe der einzelnen

Ansicht der Basilika San Francesco in Assisi aus dem 19. Jahrhundert. Seit dem Jahr 2000 ist die Kirche Teil des Weltkulturerbes. Sie beherbergt die Grabstätte des Franziskus und ist mit Fresken von Giotto und Cimabue ausgestattet.

Gemeinschaften untereinander (siehe auch Frage 87ff.). Als Vorsitzender einer benediktinischen Kongregation fungiert der *Abtpräses*, in manchen Kongregationen wird er auch Erzabt oder Generalabt genannt. Er wird in der Regel alle sechs Jahre vom *Generalkapitel*, dem höchsten beschlussfähigen Gremium der Äbtissinnen und Äbte einer Kongregation, gewählt. Bei manchen Kongregationen ist der Abt des Hauptklosters automatisch auch Abtpräses oder Erzabt der Kongregation. Der Abtpräses vertritt die Kongregation nach außen, hat jedoch keine Leitungsgewalt innerhalb der einzelnen Klöster. Er führt aber die regelmäßigen Visitationen der Mitgliedsklöster durch und leitet deren Abtwahlen (siehe auch Frage 54). Seine Stellvertreter werden *Assistenz-* oder *Konsiliaräbte* genannt.

Die Gründung der «Gesellschaft Jesu». 1539 gelobte Ignatius von Loyola in Rom gemeinsam mit gleichgesinnten Freunden, zusammenzubleiben und ihr Leben dem Dienst an Gott zu weihen. Damit legten sie das Fundament für den neuen Orden, der 1540 durch den Papst offiziell bestätigt wurde.

56. Wie sieht die Struktur der Franziskaner aus? Seit 1897 sind die einzelnen Zweige der Franziskaner (siehe Frage 18) unter einem *Generalminister* vereinigt. Ihm unterstehen die *Provinziale*, die Leiter der Ordensprovinzen. In Deutschland gab es bis 2010 vier Ordensprovinzen: Bavaria mit Provinzialat in München, Colonia mit Provinzialat in Düsseldorf, Saxonia mit Provinzialat in Hannover und Thuringia mit Provinzialat in Fulda. Inzwischen sind diese vier Provinzen zu einer einzigen mit Sitz in München zusammengelegt. Der Leiter einer Niederlassung ist der *Guardian*, sein Stellvertreter ist der *Vikar*.

57. Wie sind die Jesuiten organisiert? Der Jesuitenorden wird vom *Generaloberen* mit Sitz in Rom geleitet. Dieser wird von Delegierten aus den einzelnen Provinzen, der sogenannten *Generalkongregation*, gewählt. An der Spitze einer Provinz steht der Provinzial. 2004 wurden die ehemaligen beiden deutschen Provinzen - die Norddeutsche mit Sitz in Hannover sowie die Süddeutsche mit Sitz in München - zu einer einzigen Provinz vereinigt. Deren Sitz ist München. Jesuiten leben nicht in Klöstern, sondern bilden Wohngemeinschaften in Häusern und Kollegien. Ihnen stehen Hausobere vor, die - ebenso wie die Provinziale - ernannt werden (siehe auch Frage 19).

58. Welche Organisationsformen haben die Salesianer Don Boscos, die Steyler Missionare und die Pallottiner? Kopf der Ordensgemeinschaft der Salesianer Don Boscos ist der *Generalobere*. Zusammen mit dem *Generalat* hat er seinen Sitz in Rom. Auf Regionalebene gibt es für Europa-Nord den *Generalrat*. Die deutsche Provinz der Salesianer Don Boscos entstand im Jahr 2003 aus dem Zusammenschluss der damaligen Nord- und Südprovinz. Sitz der heute einzigen Deutschen Ordensprovinz ist München. Ihr steht der *Provinzial* vor.

Den Steyler Missionaren steht ein *Generaloberer* vor, der vom *Generalkapitel* gewählt wird. Seit dem 1. Mai 2007 haben die Steyler Missionare in Deutschland eine Provinz mit insgesamt zehn Niederlassungen und einem Distrikt, der auch das Mutterhaus in Steyl (NL) angehört. Ihr steht der *Provinzial* vor.

Das höchste Administrationsorgan der Pallottiner ist die *Generalleitung* mit Sitz in Rom. Die zweite Organisationsebene bilden die Provinzen oder Regionen, unabhängige organisatorische Einheiten mit einer bestimmten Anzahl von Mitgliedern. Ihnen steht der Provinzial oder Regional vor. Auf der untersten Hierarchieebene befinden sich die örtlichen Gemeinschaften, die aus drei bis vier Mitgliedern oder auch größeren Einheiten bestehen. Die ehemals zwei deutschen Provinzen wurden 2007 zusammen mit der österreichischen Region zu einer Provinz, der Herz-Jesu-Provinz, mit Sitz in Friedberg zusammengeschlossen.

Das 1879 begründete Missionshaus zum heiligen Erzengel Michael im Dörfchen Steyl in den Niederlanden. Von hier aus gingen die Mitglieder der von Arnold Janssen ins Leben gerufenen Ordensgemeinschaft der Steyler Missionare in alle Welt. Der Orden wuchs sehr rasch, was an der großzügigen Klosteranlage erkennbar ist. Heute werden im Klosterkomplex auch Gäste beherbergt, die nicht dem Orden angehören.

59. Was ist ein Konvent? Der Konvent (lateinisch *conventus*) besteht aus allen Mitgliedern einer Klostergemeinschaft. Bei wichtigen Entscheidungen kann der Leiter eines Klosters, also in der Regel der Abt oder die Äbtissin, das Konventkapitel einberufen. Zu diesem gehören alle Klostermitglieder mit ewiger Profess. Postulanten und Novizen sind demnach ausgeschlossen (siehe auch Frage 16).

Das Konventkapitel ist eine Art klösterliches Parlament, in dem wichtige Entscheidungen gemeinschaftlich getroffen werden. Der Begriff «Kapitel» bezeichnete ursprünglich einen Abschnitt aus der

Ordensregel. Heute ist das Kapitel die Versammlung von Ordensleuten im Sinne eines Leitungsorgans. Die Versammlungen finden im klösterlichen Kapitelsaal statt. Im Konventkapitel werden kirchenrechtliche Fragen abgehandelt, Wahlen abgehalten, über die Aufnahme eines Kandidaten in den Orden und die Ablegung der Professen entschieden. Darüber hinaus behandelt das Konventkapitel auch Themen des gemeinschaftlichen Lebens.

60. Welche Leitungsfunktionen gibt es in einem Kloster? Die Führungsebene ist im Kloster klar strukturiert: Steht dem Haus ein Abt beziehungsweise eine Äbtissin vor, so liegt die Leitung in diesen Händen. Wird ein Kloster von einem Prior, einer Priorin oder einer Hausoberin geführt, so obliegt dem Amtsinhaber die Leitungsfunktion (siehe auch Frage 54). Die weiteren Führungskräfte im Kloster - Prior, Subprior, Cellerar - berichten an den Abt.

Im Mittelalter hatten die Äbte eine große Machtfülle, da die Klöster große Ländereien besaßen. Sie waren oft auch Fürsten, also Landesherren, und trugen die Bezeichnung Fürstabt. Dies war zum Beispiel bei den Äbten der Klöster in Regensburg, Fulda und St. Gallen der Fall.

«De facto hat ein Abt Entscheidungsrecht, aber es ist natürlich ganz wesentlich, dass man sich mit den Mitbrüdern berät. Gerade wenn schwierige Entscheidungen anstehen oder größere Investitionen getätigt werden müssen», erklärte mir Altabt Fidelis Ruppert, 24 Jahre Leiter der Abtei Münsterschwarzach. Dem Abt steht daher ein Gremium zur Seite, mit dem er sich regelmäßig austauscht. Diesem gehören das obengenannte Führungsteam sowie eine gewisse Anzahl erfahrener Mönche an, die zum Teil vom Abt, zum Teil vom Konvent ausgewählt werden. Sie bilden den sogenannten *Seniorat*.

Wenn man die Führungspositionen im Kloster mit weltlichen Begriffen benennen würde, so wäre der Abt der Vorstandsvorsitzende und der Seniorat der Vorstand. Es gibt darüber hinaus auch für Klöster eine Art Aufsichtsrat. Das ist der sogenannte *Visitator* (= lateinisch für «Untersucher»). Diese Funktion übernimmt in der Regel der Abt eines anderen Klosters. Während der alle drei bis fünf

Jahre stattfindenden *Visitationen* prüft er die wirtschaftliche Situation des Klosters und macht sich in Gesprächen auch ein Bild über den Zustand der Klostergemeinschaft. Zum Abschluss der Visitation erteilt er dem Abt Ratschläge, macht ihm gegebenenfalls auch konkrete Vorgaben, was an Maßnahmen und Änderungen in die Wege geleitet werden muss. Der Abt ist sozusagen «Firmenchef» und «Familienvorstand» in einer Person. Er muss Verantwortung, Einsatzbereitschaft, Solidarität und Autorität zeigen.

Auch das Leben im Kloster verläuft nicht ohne Konflikte. Aber die Autorität des Abts hat noch eine ganz andere Dimension als die eines Familienvorstands in unserer Gesellschaft. Nach seinem Wort müssen sich im Endeffekt alle richten, auch wenn der Gehorsam manchmal hinter vorgehaltener Hand nur mit Murren geleistet wird. Die Spannung zwischen Anspruch und Wirklichkeit ist für den Abt wie für seine Mitbrüder eine ständige Herausforderung. Manche Orden, beispielsweise die Bettelorden, haben in ihren Regeln das Amt des Abts nicht verankert. Sie bestimmen ihren Leiter, den Guardian (= Hüter, Wächter), für eine gewisse Zeit.

Dem *Abt* ist – wie der Äbtissin, dem Guardian oder der Hausoberin – die Verantwortung für ein Kloster anvertraut. Er ist in der Regel dem Generalkapitel verantwortlich, also der Versammlung aller Äbte eines Ordens, die auch Äbte absetzen kann. Der Abt hat ein eigenes Wappen mit Wahlspruch sowie Symbolen, die Bezug zum Orden, zu seiner Person und zur Abtei haben.

Der Begriff «Abt» ist abgeleitet von dem hebräischen *abba* und dem griechischen *abbas*, was jeweils Vater bedeutet. Damit ist nicht nur eine wesentliche Funktion des Abts benannt, sondern auch das, was die Gemeinschaft von ihm erwarten kann: Er muss wie ein Vater für ihr Wohl Sorge tragen. Um Vertrauen zu schaffen und zu erhalten, ist es für den Vater des Klosters wichtig, dass er sein Handeln gegenüber seinen Mitbrüdern begründet und nachvollziehbar werden lässt. «Meine Mitbrüder sind das Wertvollste, was ich habe», sagt Abt Michael Reepen aus Münsterschwarzach. Tägliche Krankenbesuche durch Abt oder Prior und Zeit für die Mitbrüder, wenn Gesprächsbedarf besteht, sind daher in den Klöstern üblich.

«Er vertritt im Kloster die Stelle Christi; wird er doch mit dessen Namen angeredet», heißt es in der Regel des heiligen Benedikt (Kap. 2, 2). Damit ist eine weitere Anforderung an den Abt benannt, nämlich darauf zu achten, dass in seinem Kloster ein gottgefälliges Leben geführt wird. Das bedeutet Treue gegenüber dem Evangelium und der Ordensregel. Der Abt ist für die Organisation seines Klosters und die Struktur des Tagesablaufs verantwortlich. Darüber hinaus muss er sich um die wirtschaftlichen Belange des Klosters einschließlich der Klosterbetriebe kümmern und trägt die Verantwortung für die angestellten Mitarbeiter. Aber ein Abt hat nicht nur Aufgaben mit Innenwirkung, sondern ist auch oberster Repräsentant der Abtei nach außen, beispielsweise gegenüber Kommune und Behörden.

61. Welche weiteren Führungskräfte gibt es im Kloster? Der *Prior* ist Stellvertreter des Abts und wird von diesem eingesetzt. Der Begriff Prior stammt aus dem Lateinischen und bedeutet *der Erste, der Vordere*. In Klöstern ohne Abt beziehungsweise Äbtissin kann ein Prior oder eine Priorin auch die Leitungsfunktion innehaben. Der Prior vertritt den Abt in dessen Abwesenheit und leitet dann die Versammlungen. Während der Abt das Kloster auch nach außen repräsentiert, liegen die Aufgabenfelder des Priors mehr innerhalb der Klostergemeinschaft. Die konkreten Kompetenzen können von Kloster zu Kloster unterschiedlich sein und hängen zudem von der Größe des Konvents ab. Ich habe bei größeren Ordensgemeinschaften erlebt, dass sich die Nonnen oder Mönche an den Prior wenden, wenn sie das Kloster für einen Tag verlassen oder Besuch im Kloster empfangen möchten. Solche Entscheidungen im Klosteralltag werden oft vom Prior getroffen, während der Abt übergreifende Aufgaben wahrnimmt. Stellvertreter des Priors ist der *Subprior*.

Eine weitere wichtige Position innerhalb eines Klosters ist diejenige des *Cellerars* (lateinisch *cellerarius* = Kellermeister, abgeleitet von *cella* = Raum, im Sinne von Vorratsraum). In manchen Orden wird er *Ökonom* oder auch *Prokurator* genannt. Er ist für die wirtschaftlichen Belange zuständig, eine Art Finanz- und Personalchef.

Da Klöster häufig auch Wirtschaftsunternehmen haben, hat der Cellerar ein bedeutendes Aufgabenfeld. Von seinem kaufmännischen und unternehmerischen Geschick hängt die wirtschaftliche Situation eines Klosters ab. Ein weit über seine Klostermauern hinaus bekannter Cellerar ist Pater Anselm Grün aus der Abtei Münsterschwarzach. Der Cellerar ist an die Weisungen des Abts gebunden und wird auch von diesem eingesetzt. Es soll – nach der Regel des heiligen Benedikt – ein Mensch mit Lebenserfahrung sein. Er ist für die Verteilung der Arbeit, die Ausgabe der Gelder für Nahrungsmittel und Bekleidung und den Vertrieb der Klosterprodukte zuständig. Er ist auch Vorgesetzter von weltlichen Mitarbeitern eines Klosters. «Er trage Sorge für alles. Ohne die Weisungen des Abtes tue er nichts; an seine Aufträge halte er sich.» (Regel Benedikt, Kap. 31, 3 ff.)

62. Welche «klassischen» Klosterberufe gibt es heute noch? Eine bedeutende Position im Kloster hat der Novizenmeister inne. Er ist verantwortlich für die Ausbildung der Novizen (lateinisch *novus* = neu), des Nachwuchses im Kloster. Diese wichtige Aufgabe wird einem erfahrenen Mitglied des Konvents übertragen. In kleineren Gemeinschaften wird diese Funktion manchmal auch von der Äbtissin beziehungsweise dem Abt selbst übernommen. Daran lässt sich ermessen, welche Bedeutung man der sorgsamen Einführung der Novizen in das Ordensleben beimisst, schließlich ist der Ordensnachwuchs die Zukunft der Gemeinschaft. Nach der sechs bis zwölf Monate dauernden Einführungsphase in das Ordensleben, dem Postulat (lateinisch *postulatio* = Gesuch, Bitte), treten die Kandidaten ins Noviziat ein. Dieses dauert in der Regel zwei Jahre. Innerhalb dieses Zeitraums findet täglich Unterricht durch den Novizenmeister statt. Er ist der erste Ansprechpartner in Ordens- und persönlichen Fragen für die Novizen.

Auch der *Pförtner* hat im Kloster eine wichtige Funktion. Der heilige Benedikt hielt ihn für so bedeutsam, dass er ihm ein eigenes Kapitel in seiner Regel widmete: «An die Pforte des Klosters stelle man einen weisen älteren Bruder, der Bescheid zu empfangen und zu geben weiß und den seine Reife daran hindert, sich herumzutreiben.» (Regel Benedikt, Kap. 66, 1) Der Klosterpförtner, meist auch «Telefonzentrale», ist sozusagen der Mittler zwischen innen und außen. Kommt ein Besucher unangemeldet, obliegt ihm die Entscheidung, ob er ihn hereinlässt. Dabei geht es nicht nur darum, das Kloster für Menschen, sondern auch für Einflüsse von außen zu öffnen beziehungsweise es dagegen abzuschotten. Der Pförtner sollte daher über eine gewisse Lebenserfahrung und Menschenkenntnis verfügen.

Ein weiterer «klassischer» Klosterberuf ist die Position des *Infirmars* oder Infirmarius (lateinisch *infirmus* = schwach, krank). Auch er ist in der Regel Benedikt erwähnt. Der Infirmar beziehungsweise die Infirmarin ist für die Versorgung der kranken und pflegebedürftigen Mitglieder des Konvents zuständig. Sofern diese nicht in ihrer eigenen Zelle betreut werden können, werden sie auf der Krankenstation, dem *Infirmarium*, untergebracht. In kleinen Klostergemeinschaften gibt es heute nicht immer eine Mitschwester oder einen Mitbruder mit einer speziellen pflegerischen oder medizinischen Ausbildung. Meist ist dann ein Konventmitglied in Teilzeit für die Versorgung der Kranken zuständig. In jedem Fall sorgt man dafür, dass alte und pflegebedürftige Ordensleute im Kloster versorgt werden und nicht in ein Heim übersiedeln müssen.

63. Welcher Arbeit gehen Ordensleute heute nach? Neben den in Frage 62 beschriebenen Berufen gibt es eine Vielzahl von Tätigkeiten, die von Ordensmitgliedern ausgeübt werden. Oft nehmen sie Aufgaben in der Betreuung von gesellschaftlichen Randgruppen, in der Erziehung und Jugendarbeit sowie in der Vermittlung des Evangeliums wahr. Sie sehen sich dabei in der Nachfolge Christi, dessen Wirken in den Evangelien in vielfältiger Form beschrieben wird, darunter:

Pater Peter Singer beim Spielen des sogenannten «Pansymphonikons». Der Franziskaner konstruierte 1840 erstmals ein solches Instrument, das mechanische und akustische Prinzipien von Klavier und Orgel vereinigte. Damit konnten beispielsweise die Chorgesänge auch außerhalb der Kirchenräume mit einem Instrument, das ein größeres Klangvolumen als das Klavier besaß, begleitet werden.

Bild Christi im Evangelium	**Vergleichbares Aufgabengebiet von Ordensleuten**
Lehrer seiner Jünger (Mk 1, 21 f.)	Lehrer an Schulen und Hochschulen
Freund der Kinder (Lk 18, 16)	Erziehungsaufgaben in Horten und Kindergärten
Heiler der Kranken (Mt 15, 30 f.)	Ärzte und Pflegekräfte in Krankenhäusern, Altenbetreuer
Freund der Ausgegrenzten (Lk 5, 12 f.)	Einsatz in der Obdachlosenbetreuung und in Suchthilfeeinrichtungen
Prediger des Gottesreichs (Lk 6, 20–23)	Glaubensverbreitung in Gemeinden
Glaubensbote (Mt 28, 19 f.)	Einsatz in Missionsgebieten weltweit

Viele ehemals ordenseigene Einrichtungen wurden aus Kostengründen und aufgrund von Personalmangel in den eigenen Reihen an Diözesen, Gemeinden oder sonstige Träger übergeben. Die nach wie vor dort tätigen Ordensmitglieder wurden häufig als Angestellte von den neuen Trägern übernommen.

64. Wovon leben die Klöster? Klöster sind autark und müssen ihren Lebensunterhalt selbst erwirtschaften. Dabei gibt es Domänen, in denen sich die Orden bereits im frühen Mittelalter hervorgetan haben. Einige davon sind im Aussterben begriffen. Ordensleute haben sich beispielsweise als Ärzte und Heilkundige bewährt. Bis zum vierzehnten Jahrhundert wurde Heilkunde ausschließlich in Klöstern betrieben. Eine Apotheke gehörte zu jedem Kloster. Heute gibt es nur noch wenige Ordensleute, die sich mit dem Anbau und der heilkundlichen Anwendung von Kräutern befassen.

In vielen Klöstern wurde Bier gebraut. Noch heute gibt es Ordenshäuser, die im Besitz von Brauereien sind, darunter die Klöster Andechs, Weltenburg und Ettal. Auch Weinanbau wurde von Klöstern betrieben. Klöster, die heute noch Weinberge besitzen, haben diese vielfach verpachtet. Durch eine eigene Weinproduktion haben sich die Benediktinerinnen im Kloster Eibingen oberhalb von Rüdesheim hervorgetan. Sie haben in ihrem Konvent auch Schwestern, die ausgebildete Winzerinnen sind. Eine Vielzahl kleinerer Konvente fertigt weitere Klosterprodukte, die in den letzten Jahren eine Renaissance erlebt haben. Was aus Klöstern kommt, gilt zu Recht als Qualitätsprodukt und ist wieder verstärkt gefragt. Neben Kerzen erfreuen sich Produkte zur Körper- und Gesichtspflege, wie Cremes, Salben, Seifen, Shampoos, Parfums – in der Regel auf Naturbasis hergestellt –, einer großen Nachfrage. Für die Speisekammer gibt es Marmeladen, Gebäck, Klosterbrot, Liköre, Schnäpse und natürlich Früchte- und Kräutertees. Manche Klöster produzieren eine Palette ganz außergewöhnlicher Produkte. Die Mönche der Benediktinerabtei Saint Wandrille in der Normandie beispielsweise stellen hervorragende Schuhcremes und Reinigungspasten her. «Das hat bei uns eine lange Tradition», sagt der Gastpater Lucien Magnier, «und wir sind dafür weit über die Grenzen unserer Region bekannt.» Die Produkte werden – wie inzwischen bei vielen Klöstern üblich – nicht nur im eigenen Laden verkauft, sondern auch über das Internet vertrieben.

Natürlich gibt es Konvente mit großen Wirtschaftsbetrieben. Die Abtei Münsterschwarzach hat eine Reihe von Werkstätten und Betrieben mit rund 300 weltlichen Angestellten, darunter einen Verlag und eine Druckerei, Bäckerei und Metzgerei sowie eine Gold- und Silberschmiede und ein Blockheizkraftwerk. In den klostereigenen Unternehmen werden auch Lehrlinge ausgebildet.

Zu einer wichtigen Einnahmequelle für viele Klöster sind Gästezimmer geworden. Etliche Ordenshäuser haben ihre Pforten geöffnet und vermieten Zimmer an Menschen, die im Kloster ein paar Tage Abstand vom Alltag nehmen wollen. Dabei ist es den Ordensleuten wichtig, dass die Besucher das Kloster nicht als billige Übernachtungsmöglichkeit sehen, sondern auch am Tagesablauf des Konvents teilnehmen und nach Möglichkeit die Gebetszeiten wahrnehmen. Vielfach bieten geschulte Ordensleute auch Seminare an.

Um ihr Überleben zu sichern, ist in den Klöstern Unternehmergeist und Kreativität gefragt, denn jedes Haus muss selbst Einkünfte erwirtschaften. Zu den Einkünften tragen auch Gehälter von Nonnen oder Mönchen bei, die außerhalb des Klosters als Angestellte von kirchlichen oder staatlichen Einrichtungen ihr Geld verdienen. Außerdem helfen Spenden, die manch einem Kloster zufließen.

Viele Klöster haben Fördervereine gegründet, deren Mitglieder das Ordenshaus in vielerlei Hinsicht unterstützen – einerseits finanziell durch ihre Beiträge, darüber hinaus aber auch durch ehrenamtliche Beratertätigkeiten oder Organisation von Veranstaltungen, deren Erlös dem Kloster zugute kommt.

65. Werden Klöster durch die Kirchensteuer mitfinanziert? Entgegen der landläufigen Meinung erhalten Klöster keine Kirchensteuer. Sie sind autark und müssen ihr Überleben selbst erwirtschaften. Bei Klostergründungen wird mit dem betreffenden Bistum, in dem der Konvent angesiedelt ist, eine Vereinbarung getroffen, in der auch Ausrichtung und Tätigkeitsfelder der Klostergemeinschaft festgelegt werden. Dies schließt unter anderem ein, wie sich das Kloster finanziert.

66. Was können und dürfen Klöster besitzen? Grundsätzlich gibt es hinsichtlich des klösterlichen Besitzes keine Einschränkungen, solange das, was ein Kloster sein Eigen nennt, auch mit den christlichen Grundsätzen zu vereinbaren ist. Den Klöstern gehören in der Regel die Immobilien, in denen der Konvent lebt. Manchmal sind dies große historische Bauten, die in der Regel unter Denkmalschutz stehen.

Bis in die erste Hälfte des zwanzigsten Jahrhunderts haben Ordensmitglieder zum Teil beträchtliche Vermögen und Ländereien in die Klöster eingebracht. In den großen Familien, auch des Adels, war es üblich, dass mindestens eine Tochter ins Kloster eintrat. Als Mitgift erhielt das betreffende Ordenshaus deren Erbteil. Die großen Abteien waren daher oft wohlhabend und verfügten über weitläufige Ländereien, die sie bewirtschaften konnten.

Heute sind die Immobilien teilweise zu einer Last geworden, weil sie zu groß und häufig sanierungsbedürftig sind. Die Zisterzienserinnenabtei Waldsassen beispielsweise, ein barocker Baukomplex, wurde in einem Zeitraum von zehn Jahren mit über zwanzig Millionen Euro saniert und renoviert. Äbtissin und Konvent haben die erforderlichen Gelder mit großem Einsatz vom Denkmalamt, dem Freistaat Bayern, der Diözese und zahlreichen Spendern zusammengetragen. Für viele Konvente ist der Unterhalt ihrer Immobilie gar nicht mehr zu leisten. Wenn möglich, verpachten sie Teile davon und sichern sich dadurch Einkünfte. Manchmal ist aber ein Verkauf nicht mehr abzuwenden. Mit dem Erlös finanzieren die Konvente ihr Überleben. Über Veräußerungen können die Klöster aber nicht ohne Weiteres selbst entscheiden. Es gibt die sogenannte «Romgrenze», die besagt, dass Ordensgemeinschaften päpstlichen Rechts, die Veräußerungen über einem Wert von rund fünf Millionen Euro vornehmen möchten, den Vatikan um Zustimmung bitten müssen. Bei Ordensgemeinschaften bischöflichen Rechts muss ab einer bestimmten Obergrenze die Diözese ihr Einverständnis geben. Auch große Ländereien haben viele Klöster verpachtet oder verkauft, da sie nicht mehr bewirtschaftet werden können und man auf die Einkünfte angewiesen ist.

Klöster als Teil unserer Gesellschaft

67. Welche Funktion haben Klöster für unsere Gesellschaft? Klöster kümmern sich um gesellschaftliche Randgruppen. Es gibt zahlreiche Ordenshäuser mit Einrichtungen für Obdachlose, in denen diese nicht nur mit Nahrung und Kleidung versorgt werden, sondern auch ärztliche Hilfe und eine Unterkunft erhalten, wenn dies nötig ist. Ein Beispiel hierfür ist die Obdachlosenhilfe in der Benediktinerabtei St. Bonifaz in der Karlstraße hinter dem Münchner Hauptbahnhof. Die Mönche haben dort eine tägliche Essensausgabe für obdachlose Frauen und Männer eingerichtet sowie eine kostenlose Kleiderausgabe. Darüber hinaus bieten sie unentgeltliche Duschmöglichkeiten und ärztliche Behandlungen in einer hauseigenen Praxis an.

Mit Einrichtungen für Betreutes Wohnen sowie Alten- und Pflegeheimen kümmern sich Klöster um behinderte und alte Menschen. Ein Beispiel für viele klösterliche Initiativen dieser Art sind die Barmherzigen Schwestern vom heiligen Vinzenz von Paul. Sie betreiben derzeit sechs Alten- und Pflegeheime in Bayern, in denen 550 alte Menschen ihren Lebensabend verbringen. Drei dieser Einrichtungen sind im Raum München.

Orden finanzieren auch Erziehungs- und Bildungseinrichtungen, darunter Kindergärten, Schulen, Hochschulen, Bildungshäuser. Als Beispiele kann man hier die Jugendeinrichtungen der Salesianer Don Boscos oder die Schulen der Maria-Ward-Schwestern nennen. Ohne diese klösterlichen Initiativen wäre das Angebot an geeigneten Plätzen für Kinder, Jugendliche und interessierte Erwachsene deutlich geringer.

Klöster sind Anlaufstellen für Menschen in Krisensituationen. Nonnen und Mönche stehen für Gespräche zur Verfügung, sind an sozialen Brennpunkten aktiv und helfen in vielfältiger Weise. Dieses Aufgabenfeld hat gerade in den letzten Jahren stark zugenommen. Ordensleute sind gefragte Gesprächspartner für gesellschaftlich akute Themen – und zwar über alle Konfessionsgrenzen

Ordensleute waren und sind als Ratgeber in vielen Lebenslagen gefragt. Hier wendet sich eine junge Frau mit ihrem Anliegen an einen betagten Ordensmann.

hinweg. Darin sehen sie auch ihre Aufgabe als Seelsorger. Klöster und Ordensleute übernehmen in vielfältiger Weise gesellschaftlich relevante Aufgaben.

68. Was erwarten die Menschen von Ordensmitgliedern? Für viele Mitglieder unserer durch raschen Wandel geprägten Gesellschaft sind die Ordensleute ein Zeichen für Beständigkeit. Seit Jahrhunderten leben sie nach ähnlichen Riten an denselben Orten. Und auch in den nächsten Jahrzehnten und Jahrhunderten werden sie an diesen Plätzen für ihre Mitmenschen da sein. Diese Beständigkeit ist auch ein Zeichen von Verlässlichkeit. Ein wesentliches Merkmal der Nonnen und Mönche ist ihre Authentizität. Sie stehen zu ihrer Lebensform und dokumentieren dies auch nach außen, unter anderem durch ihre Ordenstracht. Sie nehmen die Menschen ernst und geben vielen durch ihr Lebenskonzept und ihre Lebenserfahrung Orientierung.

69. Sind Ordensleute die besseren Seelsorger und Ratgeber? Ordensleute haben vielfach ähnliche Probleme wie Menschen außerhalb der Klostermauern. Sie müssen sich in ihren Lebensgemeinschaften auch mit den Mitschwestern beziehungsweise Mitbrüdern auseinandersetzen und miteinander um eine ausgeglichene Beziehung ringen. Sie müssen ihr eigenes Verhalten reflektieren und den Umgang mit anderen ständig hinterfragen. Auch hinter Klostermauern herrscht nicht eitel Sonnenschein. Andererseits haben die Ordensleute durch ihre Lebensform eine gewisse Distanz zu unserer Welt, betrachten sie sozusagen von außen und sehen dabei unter Umständen Dinge, die wir aus dem Blick verloren haben. Die Ruhe- und Gebetszeiten sind ja auch dazu da, Abstand zu bekommen zu den Anforderungen des Alltags und nicht aus der Balance zu geraten. Im Gebet, in der Zwiesprache mit Gott, suchen sie immer wieder nach Zeichen und Impulsen, die sie an andere Menschen weitergeben können. «Wir sind sicherlich nicht bessere Ratgeber, aber wir nehmen die Menschen ernst», sagt Pater Aurelian, der Prior des Klosters Jakobsberg bei Bingen. Die Kombination aus Nähe zu den Menschen und Distanz zu unserem Leben macht viele Ordensleute heute zu gefragten Ratgebern.

70. Wie wird die Klosterkultur nach außen getragen? Die Klosterkultur wird gerade in den letzten zehn Jahren viel offensiver als früher nach außen dokumentiert. Ordensleute gehen auf die Menschen zu, öffnen die Klosterpforten, nehmen Gäste auf, bauen Gästehäuser und lassen die Menschen an ihrem Leben teilhaben. Die moderne Klosterarchitektur ist vielfach ein Zeichen für diese zunehmende Offenheit. Ein gutes Beispiel dafür ist die Architektur der Benediktinerabtei Königsmünster in Meschede, die durch breite Glasfronten von außen Einblick in die klösterlichen Gebäude erlaubt und gleichzeitig von innen den Blick in die Weite ermöglicht. Durch diesen Bau wird deutlich gemacht, dass sich die Klostergemeinschaft nicht von der Außenwelt abschottet, wie dies bei den ummauerten Bauten früherer Jahrhunderte der Fall war. In eigenen Bildungshäusern veranstalten Ordensleute Kurse, um Klostertraditionen und -kultur zu vermitteln.

Um Aufmerksamkeit zu erringen, greifen Nonnen und Mönche auch zu populären Marketingmaßnahmen. Ein Beispiel dafür sind die Klostermärkte, auf denen eigene Produkte angeboten werden, und die eine große Anziehungskraft haben. «Die Klosterprodukte stehen in den Augen vieler Menschen für Qualität, weil sie schon seit Jahrhunderten in der gleichen Art und Weise hergestellt wurden», sagte mir einmal ein Ordensmann, der verantwortlich war für die Organisation des Klostermarkts in der Erzabtei St. Ottilien. So manches Kloster hat auch einen Klosterladen eröffnet, in dem es Ordensprodukte anbietet. Als Beispiele seien hier die Benediktinerinnen im Hildegard-Kloster Eibingen genannt oder die Zisterzienserinnen in der Abtei Waldsassen.

Ein schon seit Jahrhunderten in Klöstern praktiziertes Marketinginstrument sind klostereigene Verlage, die sich mit ihren Publikationen an eine breitere Öffentlichkeit wenden. Stellvertretend für andere kann man hier den Vier-Türme-Verlag der Abtei Münsterschwarzach oder den EOS-Verlag von Sankt Ottilien nennen.

71. Wie nutzen Orden die modernen Medien? Heute ist es Standard, dass Klöster sich auf eigenen Websites präsentieren. Dass Ordensleute zu Gast in Hörfunksendungen sind oder diese auch gelegentlich moderieren, ist nichts Außergewöhnliches mehr. Filmproduktionen werden von Klöstern in Auftrag gegeben und auf katholischen Privatsendern ausgestrahlt. Aber nicht nur auf diesen Nischenkanälen wird über Orden berichtet, sondern auch in den großen öffentlich-rechtlichen und privaten Sendeanstalten. Dabei gibt es unter den Ordensleuten sogar einige «Medienstars». Der Kapuzinerbruder Paulus Terwitte hat seit April 2002 eine eigene, wöchentlich ausgestrahlte Talksendung auf N24. Unter dem vielsagenden Titel «Um Gottes Willen» nutzt er ein modernes Kommunikationsmedium, um Glaubensakquise zu betreiben. Selbstverständlich twittert er auch und ist auf Facebook zu finden. Eloquente Ordensleute sind gerngesehene Gäste in Talkshows, Abtprimas Notker Wolf ist dabei besonders gefragt. Aber auch der Bestsellerautor Pater Anselm Grün ist gelegentlich auf dem Bildschirm zu sehen. Moderne Ordensleute haben keine Scheu vor aktuellen Kommunikationsmitteln, im Gegenteil: Sie sehen diese als Chance, auch Zielgruppen anzusprechen, die nicht zur ureigenen Klientel von Klöstern gehören. «Ich habe den Eindruck, dass Ordensleute mit ihren Themen in Hörfunk und Fernsehen nah beim Menschen sind», sagte mir der Benediktinerpater Aurelian Feser.

Berufung und Spiritualität

72. Was verstehen Ordensleute unter Berufung? Im religiös-spirituellen Sinn versteht man unter Berufung die innere Wahrnehmung eines Rufs, das Verspüren der inneren Stimme Gottes, die zum Ordensleben einlädt. Oft folgt diesem Ruf ein langer Prozess des Suchens und Ringens des Kandidaten mit der Entscheidung, ob er sich auf diese Lebensform einlassen will. Die Berufung zum Ordensleben ist eine spezielle Form der Nachfolge Christi in unserer Gesellschaft. Sie ist eine ganz individuelle Erfahrung, die nicht immer einfach in Worte zu fassen ist. Manchmal erreicht sie Frauen oder Männer, die aktiv auf der Suche nach einem sinnerfüllten Leben sind. In anderen Fällen trifft sie die Menschen völlig unerwartet. Der erste Impuls kann häufig der Kontakt zu Ordensleuten oder ein Aufenthalt im Kloster sein. «Bei mir war die erste Wahrnehmung meiner Berufung in einer Woche, in der ich ‹Kloster auf Zeit› machte. Erst nach einer langen Phase des Nachdenkens und in mich Hineinhorchens habe ich mich für das Kloster entschieden», sagte mir Bruder David aus der Abtei Münsterschwarzach.

So wie ihm geht es vielen Kandidaten: Der Weg ins Kloster ist keine spontane Entscheidung, sondern ein langwieriger Prozess. Schließlich muss man sich darüber klar werden, ob man sein ganzes bisheriges Leben ändern möchte. Familie, Freunde, Heimat und Beruf lässt man hinter sich, um sich der Ordensgemeinschaft anzuschließen.

In den Orden gibt es die Position des sogenannten *Berufungspastorals* (von lateinisch *pastor* = Hirte), Ansprechpartner für Menschen, die sich mit dem Gedanken tragen, in ein Kloster einzutreten.

73. Welche Bedeutung hat christliche Spiritualität für das Klosterleben? Die christliche Spiritualität (von lateinisch *spiritus* = Geist) bedeutet die geistige Verbindung zu Christus. Ihre Ausprägung ist individuell verschieden, im Mittelpunkt steht aber immer die ganz persönliche Beziehung des Einzelnen zu Gott. Sie umfasst sowohl die innere religiöse Lebenseinstellung als auch die nach außen getragene Frömmigkeit. Die Wüstenväter gehörten zu den Wegbereitern christlicher Spiritualität. Indem sie sich von den bewohnten Gebieten in die Wüste zurückzogen, konnten sie von den weltlichen Ablenkungen Abstand nehmen, Gott nahe sein und damit Spiritualität erfahren. «Verliere Dein Herz nicht an etwas, was Dich in Deinem Herzen nicht erfüllt», sagte der Mönchsvater Abbas Poimen, der im fünften Jahrhundert nach Christus in der Sketischen Wüste lebte. Für die Ordensleute ist die Spiritualität eine wesentliche Komponente ihres Lebens. Dazu gehört für sie auch, immer wieder innezuhalten und das eigene Verhalten sowie individuelle Erfahrungen zu reflektieren. Das Kloster ist dafür der geeignete Rückzugsort.

74. Gibt es im Kloster heute noch eine Balance zwischen Arbeit und Gebet? Die immer geringer werdende Zahl von Ordensmitgliedern hat zur Folge, dass die notwendigen Aufgaben in den Klöstern auf immer weniger Schultern verteilt werden müssen. Hinzu kommt, dass die Überalterung in den Konventen stetig zunimmt. 53 Prozent der männlichen und 83 Prozent der weiblichen Ordensmitglieder sind älter als 65 Jahre. Zwar sind viele Nonnen und Mönche noch bis ins hohe Alter aktiv, aber so manche Tätigkeit kann von ihnen nicht mehr übernommen werden.

Ich kenne Ordensleute, die mehrere Aufgabenbereiche im Kloster innehaben. Der Prior eines Klosters im Rheinland ist gleichzeitig noch Cellerar und Leiter des Bildungshauses. Außerdem steht er für die Gästebetreuung zur Verfügung. Ein junger Mitbruder einer großen Abtei in Franken leitet das Personalbüro, ist Sekretär des Abts und verantwortlich für das Jugendgästehaus. Zwei Beispiele für viele Nonnen und Mönche. Dies hat zur Folge, dass auch Burnout vor den Klosterpforten nicht Halt macht. Bleibt das Beten dadurch auf der Strecke? In der Tat ist der Tag vieler Ordensmitglieder vom frühen Morgen bis zum späten Abend ausgefüllt. «Wenn die Glocke nicht immer läuten würde, muss ich gestehen, dass ich vielleicht die eine oder andere Gebetszeit ausfallen ließe oder immer wieder verschieben würde», sagte mir eine vielbeschäftigte Nonne einmal.

Aber gerade das Gebet ist die Quelle, aus der die Ordensleute schöpfen. Für den Dialog mit Gott haben sie ja den Weg ins Kloster gewählt. «Diese Zeit gehört ganz mir und meinem Gespräch mit Gott», sagt Schwester Agnes aus der Abtei Waldsassen, und ihre Mitschwester Maria Josepha ergänzt: «Mein Ziel ist es, durch das Gebet und die Meditation besser zu leben im Umgang mit anderen, mit Gott und mit mir selbst». Ihre Äbtissin Laetitia, eine Frau, die auch durch Aufgaben außerhalb des Klosters gefordert ist, sagt, dass ihr die Gebetszeiten Gelassenheit geben.

Mit dem Abstand von der Arbeit und dem Rückzug ins Gebet relativieren sich die täglichen Anforderungen, außerdem erhält man mit dem Abstand zur Arbeit manchmal auch die zündende Idee zur Lösung eines Problems. Nur im Notfall lassen die Ordensleute eine Gebetszeit ausfallen. Wer nicht zum Gebet erscheint, muss sich bei Priorin beziehungsweise Prior vorher abmelden. Wer außerhalb des Klosters unterwegs ist, hat selbst Sorge dafür zu tragen, dass das tägliche Gebet nicht zu kurz kommt. Dafür ist die Nonne oder der Mönch sich selbst und Gott gegenüber verantwortlich.

75. Kann man das Stundengebet in unserer schnelllebigen Zeit noch praktizieren? Bis ins frühe Mittelalter galt ein für Kleriker und Mönche gleichermaßen festgelegter Rhythmus von Tagesgebeten und weiteren Gebeten, die man zu bestimmten Ereignissen des Kirchenjahres sprach. Seit der Karolingerzeit gibt es für die Gebetszeiten der Weltgeistlichen die römische Ordnung und für die Ordensleute eine Ordnung, die sich nach den Vorgaben der Benediktsregel richtet. Im Zweiten Vatikanischen Konzil (1962–1965) wurden die täglichen Stundengebete reduziert, und jedem Kloster blieb die Entscheidung überlassen, wie häufig und wann es seine Gebetszeiten durchführt.

Das erste Gebet am Morgen ist die Morgenhore, das letzte am Abend die Komplet (siehe auch Frage 39). Zentrales Element der Stundengebete ist die Rezitation von Psalmen, daneben gibt es Lesungen, Wechselgesänge, Hymnen und Gebete. In der Regel wird die Arbeit fünf- bis sechsmal täglich durch die Stundengebete unterbrochen, die jeweils zwischen zwanzig und dreißig Minuten dauern. Rund drei Stunden verbringen die meisten Nonnen und Mönche täglich beim Gebet. In manchen Orden, beispielsweise den Anbetungsorden, ist der Zeitbedarf wesentlich höher.

13 Kapitel widmet der heilige Benedikt in seiner Regel der Ordnung, der zeitlichen Abfolge, der Anzahl, dem Inhalt und der Ausführung der Gebete. «Überall ist Gott gegenwärtig, so glauben wir, und die Augen des Herrn schauen an jedem Ort auf das Gute und Böse ... Beachten wir also, wie wir vor dem Angesicht Gottes und seiner Engel sein müssen, und stehen wir so beim Psalmensingen, dass Herz und Stimme im Einklang sind.» (Regel Benedikt, Kap. 19, 1 u. 6 f.) Wie soll das der heutige Mönch, wie die Schwester des einundzwanzigsten Jahrhunderts bewerkstelligen, wenn die Anforderungen so umfassend sind, wie in Frage 74 geschildert?

Die Konzentration auf das Gebet gelingt nicht immer, wie Ordensleute offen zugeben, aber sie gelingt umso besser, je häufiger man das Gebet praktiziert. Erfahrene Konventmitglieder haben kein Problem damit, sich innerhalb weniger Minuten von der Arbeit ab- und dem Gebet zuzuwenden. Ich habe das bei vielen Klosteraufenthalten immer wieder erlebt. Für die Nonnen und Mönche ist das Abtauchen in den Dialog mit Gott eine Erholungsphase im Tagesablauf, auf die sie ungern verzichten. Das gemeinsame Rezitieren der Psalmen und Gebete hat durch die häufigen Wiederholungen ein meditatives Element und vermittelt so Ruhe und Gelassenheit. Erfahrene Ordensleute sind in der Lage, auf Reisen auch in einem hektischen Umfeld in dieses Zwiegespräch mit Gott einzutauchen.

76. «Stabilitas loci»: Welche Bedeutung hat die Beständigkeit an einem Ort heute? Mit der ewigen Profess, dem endgültigen Eintritt in eine Ordensgemeinschaft, geloben die Nonnen und Mönche öffentlich, fortan nach den Grundprinzipien des Evangeliums und den Grundsätzen der betreffenden Ordensgemeinschaft zu leben.

Die bekanntesten Ordensgelübde sind Armut, klösterlicher Lebenswandel (*conversio morum*) mit eheloser Keuschheit sowie Gehorsam. Sie gelten in den meisten Ordensgemeinschaften als die wichtigsten Empfehlungen des Evangeliums. In verschiedenen Orden gibt es weitere Gelübde, darunter bei den benediktinischen Ordensgemeinschaften die *stabilitas loci* (lateinisch für Ortsgebundenheit). Diese bedeutet im ursprünglichen Sinn, sein ganzes Leben als Ordensmitglied in dem Kloster zu verbringen, in das man eingetreten ist (siehe auch Frage 12).

Benedikt selbst spricht in seiner Regel allerdings nicht von der Beständigkeit an einem Ort, sondern von der «Beständigkeit in der Gemeinschaft» (lateinisch *stabilitas in congregatione,* Regel Benedikt, Kap. 4, 78). Damit ist gemeint, dass man mit dem Eintritt in eine Klostergemeinschaft eine Beziehung eingeht, die von lebenslanger Dauer sein soll. Sie soll beständig sein in guten, aber auch in schlechten Zeiten. Die Ordensleute verstehen daher die «stabilitas» als einen lebenslangen Prozess des sich Entwickelns und miteinander Auskommens – vergleichbar einer ehelichen Beziehung.

Im oben erwähnten Sinne bedeutet die «stabilitas» die Zugehörigkeit zu einer Kongregation. Innerhalb der Kongregation ist es daher durchaus möglich, das Kloster zu wechseln. Dies wird auch in unserer heutigen Zeit des klösterlichen Personalmangels praktiziert. Hat eine Nonne oder ein Mönch in einem Kloster eine bestimmte Qualifikation, die in einem anderen Konvent derselben Kongregation dringend benötigt wird, so kann der Obere durchaus anordnen, dass dieses Ordensmitglied das Kloster wechselt. Als gute Führungskraft wird er den Wechsel aber nur mit Zustimmung der betreffenden Person vornehmen.

Ein positives Element dieser Ortswechsel kann es sein, dass die Klostergemeinschaften sich auf diese Weise immer wieder einmal neu orientieren müssen und lebendig bleiben. In manchen Kongregationen dreht sich das «Personalrad» in regelmäßigem Abstand alle paar Jahre. Es gibt Äbtissinnen und Äbte, die dies bewusst so handhaben, damit die Mitglieder ihrer Gemeinschaft flexibel bleiben.

77. Sind Benedikts «Werkzeuge der geistlichen Kunst» auch heute noch hilfreich? Kapitel 4 der «Regel des heiligen Benedikt» behandelt die sogenannten «Werkzeuge der geistlichen Kunst». Als erstes und grundlegendes Werkzeug ist dabei die Liebe zu Gott genannt, gefolgt von der Nächstenliebe: «Vor allem: Gott, den Herrn, lieben mit ganzem Herzen, mit ganzer Seele und mit ganzer Kraft. Ebenso: Den Nächsten lieben wie sich selbst.» (Regel Benedikt, Kap. 4, 1 f.) Es folgt eine umfassende Aufzählung der Dinge, die der Mensch, zumal der monastische, sein Leben lang beherzigen soll: Er soll nicht töten, nicht ehebrechen, nicht stehlen, keine falschen Aussagen machen, keine Völlerei betreiben, das Fasten lieben, barmherzig gegenüber Armen und Bedürftigen sein, sich um Kranke und Bedrängte kümmern, Tote begraben und Trauernde trösten, nicht zornig und rachsüchtig sein, immer der Wahrheit treu bleiben, friedfertig und gerecht sein, nicht faul und mürrisch sein, nicht stolz und egozentrisch sein, das eigene Tun jederzeit hinterfragen, seine Worte mit Bedacht wählen, Gott im Gebet verehren und seinen Weisungen folgen, die Älteren ehren und die Jüngeren lieben.

Die «Werkzeuge der geistlichen Kunst» sind Lebensleitlinien und haben alle menschlichen Schwächen im Blick. Sie zeugen davon, dass der Autor der Regel große Menschenkenntnis besaß. Ihm war nichts Menschliches fremd. Vorsorglich weist er daher auf alle möglichen negativen Ausprägungen des menschlichen Charakters hin. In diesem Sinne sind dies nicht nur «Werkzeuge» für Ordensleute, sondern für jeden Menschen auch außerhalb der Klostermauern. Sie sind aktuell und gelten weltweit. Die Regel wurde ja im Hinblick darauf formuliert, dass sie über Jahrhunderte und über alle geographischen Grenzen hinweg Bestand haben sollte. Dies wird in diesem Kapitel besonders deutlich.

78. Passen Anbetungsorden noch in unsere Zeit? Die Hauptaufgabe der Anbetungsorden geht aus ihrer Bezeichnung hervor. Das «Tagewerk» dieser kontemplativen Orden besteht in der Anbetung der Eucharistie. Sie haben ihr Leben in den Dienst von Glaubensverkündung und Gebet gestellt. 24 Stunden am Tag wechseln sie sich in der Anbetung ab. Nach ihrer Auffassung beten sie auch stellvertretend für alle anderen Menschen, besonders für jene, die ihren Glauben nicht in dieser Form praktizieren können oder wollen. Die ununterbrochene Anbetung ist ein Spezifikum vor allem von Frauengemeinschaften. Die Mitglieder der Anbetungsorden leben in strenger Klausur und verlassen ihr Kloster nur in Ausnahmefällen. Ihren Tag verbringen sie im Schweigen. Auch Besucher werden nur selten empfangen. Ein Beispiel für einen Anbetungsorden sind die Steyler Anbetungsschwestern, die Dienerinnen des Heiligen Geistes von der ewigen Anbetung (*Congregatio Servarum Spiritus Sancti de Adoratione perpetua* = SSpSAp). Der Orden wurde am 8. Dezember 1896 durch Arnold Janssen gegründet. Heute leben rund vierhundert «Rosa Schwestern» - so werden sie wegen der Farbe ihrer Ordenstracht im Volksmund genannt - in zwanzig Konventen in Europa, Amerika und Asien. Ein weiterer Anbetungsorden sind die Franziskanerinnen von der ewigen Anbetung e.V. Olpe.

Die Anbetungsorden haben in den letzten Jahren vor allem neue Mitglieder aus der Dritten Welt bekommen. Mitglieder anderer Orden betonten mir gegenüber immer wieder die Bedeutung der Anbetungsorden für die gesamte Menschheit, nämlich stellvertretend für andere zu beten und dadurch mit Gott in Beziehung zu treten. Dennoch ist ein Leben in solch strenger Klausur für Mitteleuropäer des einundzwanzigsten Jahrhunderts kaum noch vorstellbar.

Die Zukunft der Orden

79. Geht den Orden der Nachwuchs aus? Im Gegensatz zu früheren Jahrhunderten und noch bis hinein in die 1950er Jahre kommt Ordensnachwuchs heute nicht mehr von selbst. Die Zahl der Menschen, die sich für ein Leben im Kloster entscheiden, nimmt kontinuierlich ab. Im Jahr 2008 gab es beispielsweise 101 männliche Novizen in Deutschland, 2009 sank die Zahl auf 94. Die Zahl der Novizinnen in der Bundesrepublik liegt nur unwesentlich höher: 101 waren es im Jahr 2009. Angesichts solcher Entwicklungen muss man sich fragen, wie die Zukunft der Orden im einundzwanzigsten Jahrhundert überhaupt aussehen kann. Es ist zu beobachten, dass Konvente mit jungen Mitgliedern auch für weitere junge Menschen interessant sind. Gibt es in den Klöstern zwei bis drei Novizen, so ist dies ein Anreiz für andere junge Interessenten. Man kann sich so im Noviziat mit Gleichaltrigen austauschen und ist nicht alleine in einem Kreis von wesentlich Älteren. Ein Beispiel hierfür ist der Konvent der Zisterzienserinnenabtei Waldsassen. Dort sind in den letzten Jahren einige junge Frauen eingetreten, die der Abtei auch Zukunftsperspektiven geben. «Unsere Gemeinschaft lebt und ist nicht erstarrt», sagte mir eine Novizin zur Begründung, weshalb sie sich für Waldsassen entschieden habe.

80. Wie gehen die Orden vor, um Nachwuchs zu rekrutieren? Orden müssen sich heute viel offensiver um Nachwuchs bemühen als in früheren Jahrhunderten. Sie müssen aktive Berufungspastoral betreiben und für sich werben. Es gibt eine Arbeitsgemeinschaft der Berufungspastoral der Orden (AGBO), die ordensübergreifende Anlaufstelle für Interessierte ist. Sie hat zum Beispiel Wohngemeinschaften als Entscheidungshilfe für einen möglichen Ordenseintritt ins Leben gerufen. Dort können interessierte junge Menschen über einen längeren Zeitraum ihre Berufung prüfen, ohne sich bereits an einen bestimmten Orden oder ein Kloster zu binden. Ergebnis der Prüfung muss nicht zwangsläufig der Weg ins Kloster sein, sondern kann für den Einzelnen auch eine Entscheidung für einen anderen spirituellen Weg zur Folge haben. Über diese zentrale Stelle hinaus haben die einzelnen Orden eigene Projekte, mit denen sie das Interesse am Leben im Kloster wecken möchten. Zur Orientierungs- und Entscheidungshilfe gibt es in vielen Häusern das «Kloster auf Zeit». Es ist ein Angebot zum Gastaufenthalt, bei dem man während bestimmter Wochen des Jahres mit dem Konvent zusammenleben und -arbeiten kann. Für manche Ordensleute war dies der erste Schritt auf dem Weg zum späteren Eintritt.

Um Menschen zur Erkenntnis ihrer Berufung zu verhelfen, organisieren manche Orden und Klöster – beispielsweise Benediktiner und Salesianer Don Boscos – auch Wallfahrten für Jugendliche. Dabei kann man mit Gleichgesinnten in ungezwungener Form zusammen sein und sich mit Ordensleuten austauschen. Die Pallottiner bieten als zeitgemäße Form der Berufungspastoral «Berufungscoachings» an. In über einen längeren Zeitraum stattfindenden Coachings durch Ordensmitglieder versucht man, die individuelle Berufung des Einzelnen zu erkennen und entsprechende Wege zu beschreiten. Es gibt auch Ordensleute, die in Vorträgen von ihrem persönlichen Entscheidungsweg berichten. So versuchen sie, Interesse am Klosterleben zu wecken. Die Ausprägungen der Berufungspastoral sind vielfältig. Die heutigen Ordensleute müssen findig sein, um sich bei jungen Menschen Gehör zu verschaffen.

81. Ehelosigkeit: Ein unüberwindbares Problem in unserer Zeit? Zu den bekanntesten Ordensgelübden gehört die ehelose Keuschheit. Mit diesem Versprechen machen die Ordensleute deutlich, dass sie die Lebensweise Jesu Christi nachahmen möchten. Der dauernde und bewusst eingegangene Verzicht auf Sexualität, Partnerschaft und Ehe soll dem einzelnen Ordensmitglied die Freiheit geben, seine ganze Zeit und Kraft dem Dienst an Gott zu widmen. «Der Unverheiratete sorgt sich um die Sache des Herrn, er will dem Herrn gefallen. Der Verheiratete sorgt sich um die Dinge der Welt, er will seiner Frau gefallen.» (1Kor. 7, 32 f.)

Den Zölibat (von lateinisch *coelebs* = allein, unverheiratet lebend) gibt es außer in der römisch-katholischen Kirche auch in der orthodoxen und anglikanischen Kirche für Ordensmänner und -frauen. Bereits seit etwa dem vierten Jahrhundert nach Christus gab es die Tradition des Enthaltsamkeitszölibats, das Priestern erlaubte, verheiratet zu sein, aber enthaltsam zu leben. Papst Benedikt VIII. ordnete 1022 auf der Synode von Pavia an, dass alle Geistlichen von nun an nicht mehr heiraten durften. Offizieller Grund war, dass es für Priester üblich wurde, eine tägliche Messe zu zelebrieren. Dafür mussten sie rein sein. Darüber hinaus ging es aber wohl auch darum, zu vermeiden, dass Kirchenbesitz an die Kinder verheirateter Priester vererbt werden konnte, denn im Mittelalter war die Ämterübertragung vom Vater auf den Sohn üblich. Außerdem war der Unterhalt großer Priesterfamilien für die Kirche kostspielig. Bis zum Zweiten Laterankonzil 1139 gab es aber noch sowohl unverheiratete als auch verheiratete Priester, letztere mussten jedoch enthaltsam leben. Danach war der Zölibat Voraussetzung für den Empfang der Priesterweihe.

In Ausnahmefällen kann der Papst auch heute verheirateten Männern die Erlaubnis erteilen, die Priesterweihe zu empfangen. Dies geschieht in Einzelfällen, beispielsweise wenn ein verheirateter evangelischer Pfarrer zum katholischen Glauben übergetreten ist.

Ordensleute entscheiden sich für das Leben in einer Gemeinschaft, die auch Ersatz für eine Familie ist. Verheiratete Ordensfrauen und -männer könnten sich in diese Gemeinschaft weniger einbringen als unverheiratete, deshalb hält man an diesem klösterlichen Gelübde fest. Allerdings gibt es evangelische Gemeinschaften, denen auch Familien angehören, beispielsweise die Jesus-Bruderschaft in Gnadenthal.

Für so manchen potentiellen Kandidaten ist der Aspekt der ehelosen Keuschheit ein wesentliches Hindernis, ins Kloster einzutreten. Diese Vorgabe trägt sicherlich mit dazu bei, dass der Klosternachwuchs sehr spärlich ist. Am Ordensleben interessierte oder einem Kloster verbundene Menschen, die gleichzeitig eine Familie haben möchten, können allerdings auch als Oblaten das Kloster unterstützen, ohne eintreten zu müssen (siehe auch Frage 34).

82. Wer kann Nonne oder Mönch werden? Grundsätzlich kann jeder katholische Christ zum Ordensleben zugelassen werden, wenn er bestimmte Voraussetzungen erfüllt. Dazu gehören eine stabile Gesundheit, die psychische Eignung, die Bereitschaft, in der Gemeinschaft zu leben, sowie natürlich die Identifizierung mit den Zielen und den Tätigkeitsfeldern der jeweiligen Ordensgemeinschaft. Selbstverständlich gehört dazu auch die uneingeschränkte Freude am geistlichen Leben in Gebet und Kontemplation. Außerdem dürfen die Kandidaten zum Zeitpunkt des Eintritts nicht verheiratet sein. Eine geschiedene Ehe ist heute meist kein Hindernis mehr für die Aufnahme in einen Orden. Weitere Voraussetzung ist bei vielen Orden ein bestimmtes Eintrittsalter. Das Mindestalter liegt häufig bei 25 Jahren. Man geht also heute später ins Kloster als noch in der zweiten Hälfte des zwanzigsten Jahrhunderts. Manche Klöster nehmen auch nur Kandidaten auf, die bereits eine abgeschlossene Berufsausbildung vorweisen können. Dies ist durch die Erfahrung begründet, dass manches neue Konventmitglied die Chance nutzte, vom Kloster eine Ausbildung oder ein Studium finanziert zu bekommen, und danach ausgetreten ist. Die Orden achten heute darauf, dass die Postulanten Lebenserfahrung haben, die Karmelitinnen beispielsweise nennen dies ganz konkret als Bedingung für den Eintritt. Manche Ordensgemeinschaft begrenzt auch das Eintrittsalter nach oben. Zum Beispiel nehmen die Kapuziner nur Kandidaten bis zu einem Alter von 35 Jahren auf. Auch die Gründe hierfür sind nachvollziehbar: Man möchte vermeiden, dass sich ältere Menschen nur für das Kloster entscheiden, um finanziell abgesichert und im Pflegefall betreut zu sein. Wegen Nachwuchsmangels müssen die Klöster darauf achten, dass sie durch Neuzugänge keine Belastungen, sondern tatkräftige Unterstützung erhalten. Wer sich also mit dem Gedanken trägt, ins Kloster einzutreten, sollte sich immer nach den konkreten Eintrittsbedingungen erkundigen.

83. Wie wird man Ordensmitglied? Der Weg bis zum endgültigen Eintritt dauert einige Jahre und umfasst mehrere Stationen. Wer sich ans Kloster binden möchte, soll in der mehrjährigen Prü-

Vor dem Eintritt ins Kloster verabschiedet sich eine zukünftige Postulantin von ihrer Mutter. Die Gitter, hinter denen sich einige Nonnen versammelt haben, trennen den Bereich der Klausur ab. Die Äbtissin links im Bild wartet bereits darauf, das neue Konventmitglied in Empfang zu nehmen. Sie wird von nun an als Ersatzmutter die Erziehung der jungen Klosterfrau übernehmen, die ihre Familie möglicherweise nie wiedersehen wird. Es war bis in die zweite Hälfte des zwanzigsten Jahrhunderts in manchen Orden nicht üblich, dass Nonnen ihr Kloster je verlassen durften.

fungszeit die Möglichkeit bekommen, seine Entscheidung fundiert überprüfen zu können. Gleichzeitig sollen auch die Mitbrüder beziehungsweise Mitschwestern des Kandidaten die Chance haben, das zukünftige neue Konventmitglied in seiner Einübungsphase kennenzulernen. Denn beide Seiten sollen sich sicher sein können, dass sich das Zusammenleben zur beiderseitigen Zufriedenheit gestalten kann. So geht einem Ordenseintritt oft eine längere Phase des vertieften Kennenlernens und der Motivationsklärung voraus. Dazu gehören viele Gespäche – mit dem Berufungspastoral, dem Novizenmeister, dem Abt und auch dem Konvent.

Die erste Phase im Kloster selbst ist das sogenannte *Postulat* (lateinisch *postulatio* = Gesuch, Bitte), eine dem Noviziat vorausgehende Probezeit. Diese Ausbildungsetappe soll dem Kandidaten helfen, den Orden und das Kloster kennenzulernen und abzuklären, ob der geistliche Weg wirklich seine Berufung ist. Das Postulat dauert je nach Orden und Kloster zwischen sechs Monaten und zwei Jahren. Die Postulanten tragen noch kein Ordensgewand, nehmen aber am gemeinschaftlichen Klosterleben teil und erhalten vom Novizenmeister Unterricht. Zum Abschluss des Postulats findet im Konvent eine geheime Abstimmung statt, die darüber entscheidet, ob der Kandidat beziehungsweise die Kandidatin in das Noviziat übertreten kann. Natürlich steht es dem Kandidaten selbst jederzeit frei, das Postulat zu beenden, wenn er erkennt, dass dies nicht sein Weg ist. Gleiches gilt auch für die folgende Prüfungsphase.

Auf das Postulat folgt das *Noviziat* (lateinisch *novicius* = Neuling). Die Novizin oder der Novize erhält nun sein erstes Ordensgewand, das sich aber in Details von demjenigen der Ordensmitglieder mit ewiger Profess unterscheidet. Vielfach sind die Novizinnen am weißen Schleier erkennbar, die Novizen am kürzeren Skapulier (siehe auch Frage 41).

Das Noviziat dauert in der Regel zwei Jahre. Diese Probezeit ist verpflichtend und vom katholischen Kirchenrecht vorgeschrieben. Das erste Jahr wird als *Kanonisches Jahr* (nach dem Kanonischen Kirchenrecht) bezeichnet. In dieser Zeit wird der Außenkontakt der Kandidaten auf ein Minimum reduziert. Sie sollen in dieser Phase in die gemeinschaftliche Lebensform, die klösterliche Spiritualität und das Leben nach den klösterlichen Gelübden hineinwachsen. Die Kandidaten erhalten täglichen Unterricht durch den Novizenmeister, unter anderem in den Fächern Spiritualität des Ordens, Meditation, Liturgie, Gebet, Gregorianik, Bibelkunde. Im zweiten Noviziatsjahr, in dem mehr Außenkontakte möglich sind, werden die Unterrichtsstunden in vielen Klöstern reduziert. Der Inhalt hat dann einen stärkeren Bezug zu den klösterlichen Arbeitsaufgaben. Während des gesamten Noviziats finden regelmäßig persönliche

Gespräche zwischen den Kandidaten und dem Novizenmeister und auch dem Abt statt, um zu prüfen, wo der Einzelne in dieser Zeit steht und ob dies wirklich sein Weg ist. Am Ende der Noviziatszeit entscheidet der Konvent in einer Abstimmung darüber, ob der Kandidat geeignet ist und zur Profess zugelassen wird.

Zunächst folgt die *zeitliche Profess* (lateinisch *professio* = Bekenntnis). Sie dauert drei bis fünf Jahre und kann von beiden Seiten auf bis zu neun Jahre verlängert werden. Manchmal kann es passieren, dass der Kandidat meint, für das Klosterleben geeignet zu sein, der Konvent aber anderer Meinung ist. Dann muss der Kandidat gehen. Kommen jedoch sowohl Konvent als auch Kandidat zu dem Schluss, dass der Zeitpunkt für die endgültige Aufnahme ins Kloster gekommen ist, erfolgt die *ewige Profess*, die Bindung an den Orden auf Lebenszeit. Dabei verspricht der Kandidat schriftlich und öffentlich in mündlicher Form, dass er sein zukünftiges Leben in den Dienst Gottes und der Menschen stellt. Er legt ein Bekenntnis zu den Evangelischen Räten, den Ratschlägen Jesu Christi zum vollkommenen Leben, ab. Dies sind Armut, ehelose Keuschheit und Gehorsam. Daneben gibt er das Versprechen, die Ordensregeln dauerhaft als verbindlich anzuerkennen. Bei manchen Orden, beispielsweise den Benediktinern, folgt auch noch das Bekenntnis zur *stabilitas loci*, der Ortsgebundenheit (siehe auch Frage 12).

Die ewige Profess erfolgt üblicherweise im Rahmen einer Eucharistiefeier, bei der die Profess-Urkunde des Kandidaten auf dem Altar liegt. Um seinen Willen zu Demut und Gehorsam zu demonstrieren, wirft sich der Kandidat dem versammelten Konvent zu Füßen. Der Abt hebt ihn auf, und der restliche Konvent begrüßt sein neues Mitglied mit einem Willkommenskuss. Damit ist der endgültige Ordenseintritt besiegelt.

84. Wie wird man im Kloster ausgebildet? Nach der ewigen Profess beginnt in der Regel die Aus- oder Fortbildung. Dabei gibt es verschiedene Wege, die je nach Bedarf und Finanzlage des Klosters beschritten werden können. Es gibt beispielsweise manchmal die Möglichkeit, in Klosterbetrieben, die junge Menschen ausbilden dürfen, eine Lehre zu absolvieren. Besitzt das neue Klostermitglied die Hochschulreife, so kann auf die ewige Profess auch ein Studium folgen. Manchen Orden gehören eigene Hochschulen und Universitäten an, den Salesianern Don Boscos zum Beispiel eine Philosophisch-Theologische Hochschule im oberbayerischen Kloster Benediktbeuern, den Jesuiten die staatlich anerkannte Hochschule für Philosophie in München und den Benediktinern die internationale Hochschule in Rom. Das päpstliche Athenaeum Sant'Anselmo wurde 1888 als universitäre Ausbildungsstätte für benediktinische Mönche aus der ganzen Welt gegründet und erhielt die päpstliche Anerkennung durch Leo XIII. Der Name Sant'Anselmo bezieht sich auf Anselm von Canterbury. Der Sitz der Hochschule ist am Aventin. Ursprünglich war die Ausbildung nur auf die Priesterweihe ausgerichtet, inzwischen gibt es weitere Studiengänge, neben der Liturgiewissenschaft noch Philosophie, Sakramentaltheologie, Geschichte der Theologie und Monastische Studien. Mögliche Abschlüsse sind Bachelor, Lizenziat und Promotion.

Neue Nonnen oder Mönche müssen nicht zwangsläufig Ordenshochschulen besuchen, wenn sie ein Studium aufnehmen wollen. Es gibt auch Ordensmitglieder an staatlichen Hochschulen, wenn diese Universitäten beispielsweise über das entsprechende Fächerangebot verfügen oder in der Nähe des Klosters liegen.

Besitzt das neue Ordensmitglied bereits eine abgeschlossene Hochschul- oder Berufsausbildung und möglicherweise durch Berufserfahrung erworbene Kenntnisse, die auch im Kloster benötigt werden, so kann es nach einer Einarbeitungsphase gleich auf einer entsprechenden Position im Kloster eingesetzt werden. Aus- und Fortbildung beruhen immer auf Absprachen zwischen dem Einzelnen und der Klosterleitung.

85. Wie wird die Klosterkultur an Klosterneulinge vermittelt? Die wesentliche Vermittlung der Klosterkultur erfolgt in den Jahren der klösterlichen Ausbildung während des Postulats und des Noviziats (siehe Frage 83). Im Unterricht werden die Neulinge in die Ordensgeschichte, Mönchskunde, Liturgie, das Gebet und die Meditation eingeführt. Ein wichtiger Punkt während dieser Phase ist die Vermittlung der Ordensspiritualität. Dies geschieht in der theoretischen Ausbildung durch den Novizenmeister. Die gelebte Spiritualität erfahren die Kandidaten aber auch durch den klösterlichen Tagesablauf, das gemeinschaftliche Leben in Gebet und Arbeit. Im Alltag eines jeden Klosters kann man sehr bald erfahren, ob das jeweilige Ordensbild und das gemeinschaftliche Konzept des einzelnen Klosters nur in der Theorie bestehen oder auch gelebt werden.

86. Wie spricht man Ordensleute an? Mit der zeitlichen Profess legen die Ordensmitglieder ihren bei der Taufe erhaltenen bürgerlichen Vornamen ab und nehmen einen neuen an, den Ordensnamen (siehe auch Frage 13). Weibliche Ordensmitglieder werden ab diesem Zeitpunkt mit «Schwester» und dem Ordensvornamen angeredet, also beispielsweise «Schwester Veronika», die Hausoberinnen mit «Frau Äbtissin» beziehungsweise «Frau Priorin».

Ausnahmen sind die Benediktinerinnen von Frauenchiemsee, die mit «Frau» und dem Ordensnamen angesprochen werden, zum Beispiel «Frau Maria Josefa». Eine weitere Ausnahme stellen die Sacré-Coeur-Schwestern dar, die man mit «Schwester» und dem Nachnamen anspricht, also etwa «Schwester Müller».

Bei den Mönchen gibt es die Regel, dass Mitglieder von Orden, die vor Gründung des Jesuitenordens bereits existierten, mit «Bruder» oder «Pater» – wenn sie die Priesterweihe empfangen haben – und dem Ordensnamen angesprochen werden. Beispielsweise «Bruder Martin» oder «Pater Fidelis». Die korrekte Bezeichnung für die Klosterleitung ist der Titel plus Ordensname, beispielsweise «Abt Michael» oder «Prior Zacharias».

Bei Orden, die nach der Gründung des Jesuitenordens, also nach 1534, entstanden, werden die Mitglieder mit «Bruder» beziehungsweise «Pater» und dem Nachnamen angesprochen. In diesen Orden, darunter die Salesianer Don Boscos und die Jesuiten, nimmt man in der Regel auch keinen Ordensnamen an, sondern behält seinen Taufnamen bei. Die richtige Anrede ist dann zum Beispiel «Pater Müller» oder «Bruder Schulz». Ausnahmen gibt es auch hier: Die Mitglieder einiger Prämonstratenserabteien werden mit «Herr» und dem Vornamen angeredet.

Führungskräfte in den Orden: Antworten von Abtprimas Notker Wolf

87. Was ist ein Abtprimas, wie wird man das und welche Aufgaben hat er? *Notker Wolf:* Ein Abtprimas ist ein «primus inter pares», ein Erster unter Gleichen. Diese Position gibt es erst seit 1893, als die Benediktinerkonföderation eingerichtet wurde (siehe auch Frage 55). Bereits im Mittelalter beschäftigte man sich mit der Frage, ob es nicht sinnvoll wäre, wenn die selbständigen Benediktinerklöster zusammenarbeiteten und sogenannte Kongregationen bildeten. Bei der Wiederentstehung benediktinischen Lebens nach der Säkularisation, also Mitte des neunzehnten Jahrhunderts, kam diese Frage erneut auf. Papst Leo XIII. hat dann darauf bestanden, dass alle Benediktinerklöster Kongregationen mit einem Präses an der Spitze angehören. Dadurch ist gewährleistet, dass es in regelmäßigen Abständen ein Generalkapitel gibt, auf dem man die klösterlichen Dinge miteinander bespricht, und Kanonische Visitationen erfolgen (siehe auch Frage 60). Er wollte allerdings aus den Benediktinern einen Orden bilden mit einer Struktur, wie sie beispielsweise bei den Jesuiten oder den Franziskanern besteht.

Nun tritt man bei den Benediktinern nicht in einen Orden ein, sondern in ein Kloster. Die Äbte haben sich daher dagegen gewehrt, dass man einen Orden bildet. Deshalb entstand eine Konföderation, der heute alle zwanzig Benediktinerkongregationen weltweit angehören. Alle vier Jahre gibt es einen Äbtekongress, auf dem sich alle Benediktineräbte treffen und einen Abtprimas als ihren obersten Repräsentanten wählen.

Ein Abtprimas soll die Einheit und die Kooperation der Benediktiner untereinander fördern, hat aber keine Vollmacht, in die Belange irgendeines Klosters einzugreifen. Er hat beratende Funktion und wird auch gebeten, an nationalen Versammlungen von Oberinnen und Obern teilzunehmen, beispielsweise in Deutschland, Italien, den USA oder Indien/Sri Lanka. Er wird auch gerufen, wenn sich die Benediktinerinnen treffen, denn der Abtprimas vertritt auch die weiblichen Ordensmitglieder.

Für die Position des Abtprimas kann man sich nicht bewerben, dies ist vom Kirchenrecht her absolut untersagt. Dies gilt übrigens für jedes kirchliche Amt. Es gibt zunächst eine Vorwahl, eine Art Sondierungswahl, bei der sich bereits die Kandidaten herausstellen. Zwischen diesen wird dann in geheimer Wahl entschieden. Der Abtprimas wird zunächst auf acht Jahre gewählt, dann jeweils auf vier weitere Jahre. Die Wiederwahl ist unbegrenzt möglich, es gibt keine Höchstzahl an Jahren, die ein Abtprimas dieses Amt innehaben darf. Prinzipiell kann jeder Benediktiner in dieses Amt gewählt werden, auch wenn er keine Abtsweihe hat. Diese müsste er dann allerdings nach der Wahl erhalten.

88. Warum benötigt man einen Abtprimas, wenn doch jedes Kloster bereits seinen Vorsteher hat? *Notker Wolf:* Es ist sehr schön, autonom zu sein, aber man kann an zu viel Autonomie auch zugrunde gehen. Um eine Einheit zu bilden, braucht man - vergleichbar dem Bundespräsidenten oder der Königin von England - einen Repräsentanten, der diese Einheit verkörpert.

Der Abtprimas kann nichts anordnen, sondern nur Vorschläge machen oder Bitten aussprechen. Wenn ich für die Benediktineruniversität Sant'Anselmo beispielsweise Professoren für die einzelnen Lehrstühle oder weiteres Personal benötige, kann ich nur «betteln» gehen und darum bitten, dass mir die Äbte geeignete Personen aus ihren Klöstern zur Verfügung stellen. Das gleiche gilt für Mitbrüder aus anderen Klöstern, die ich für bestimmte Aufgaben im Kloster Sant'Anselmo in Rom brauche. Da muss ich dann mit dem jeweiligen Abt verhandeln, und es wird je nach Sachlage entschieden. Sant'Anselmo ist zwar juristisch gesehen eine Abtei, hat aber keine eigenen Mönche; diese kommen zeitlich begrenzt aus anderen Klöstern. Momentan hat Sant'Anselmo rund 120 Bewohner aus 45 Nationen. Etwa zwei Drittel davon sind Mönche, die anderen Weltpriester.

89. Wieviel verdient ein Abtprimas? *Notker Wolf:* Gar nichts, es gibt nur eine Aufwandsentschädigung für die Reisekosten und notwendigen Ausgaben unterwegs. Ansonsten arbeitet man für «Gotteslohn». Da die Ordensleute immer weniger werden und deshalb mehr weltliches Personal eingestellt wird, das bezahlt werden muss, wird die finanzielle Situation von Sant'Anselmo inklusive der Universität immer schwieriger. Sant'Anselmo hat keine eigenen Einnahmen. Jährlich zahlt daher jedes Benediktinerkloster weltweit eine Art «Kopfsteuer» für jedes seiner Konventmitglieder an Sant'Anselmo in Höhe von momentan 35 Euro. Insgesamt haben wir in Sant'Anselmo ein jährliches Budget von zwei Millionen für laufende Kosten. Für Investitionen haben wir kein Budget, da muss ich als Abtprimas Gelder akquirieren, zum Beispiel bei Stiftungen und Privatpersonen. Auch meine eigenen Einnahmen in Form von Büchertantiemen beispielsweise wandern in diesen Topf. Das fließt alles in die Renovierung von Sant'Anselmo, für die ich etwa zehn Millionen Euro benötige.

90. Wie unterscheiden sich die Aufgaben eines Abtprimas von denen eines weltlichen Managers? *Notker Wolf:* Die Gewichtung ist anders. Bei einem weltlichen Manager muss der finanzielle Erfolg eines Unternehmens im Vordergrund stehen, sonst muss Insolvenz angemeldet werden. Natürlich sind ethische Prinzipien unabdingbar, aber es muss auch Geld verdient werden, um die Mitarbeiter bezahlen zu können. Ferner ist die menschliche Komponente natürlich nicht zu vernachlässigen. Die MitarbeiterInnen brauchen ein Umfeld, in dem sie sich wohlfühlen, sie müssen Anerkennung erhalten, damit sie gerne und effektiv arbeiten.

Auch in einem Kloster muss wirtschaftlicher Erfolg da sein, um überleben zu können, aber der Akzent liegt auf der Menschenführung. «Der Abt ist im Dienste seiner Brüder.» Er muss auf die individuellen Ausprägungen seiner Mitbrüder beziehungsweise die Äbtissin auf diejenigen ihrer Mitschwestern Rücksicht nehmen. Der Abt muss darüber hinaus bei wichtigen Fragen sämtliche Mitbrüder zu Rate ziehen. Bei weniger wichtigen soll er die Älteren zusammenrufen. «Tue nichts ohne Rat, dann brauchst Du auch nachher nichts zu bereuen», zitiert der heilige Benedikt aus dem Alten Testament. Ich habe mir hier in Sant'Anselmo auch einen Rat aus rund zehn Personen gebildet, darunter der Rektor der Universität, der Prior, der Cellerar und der sogenannte «development director», der zuständig ist für die Entwicklung unserer Stiftung.

91. Wie ist das weltweite Agieren und Operieren des Abtprimas mit dem monastischen Tagesablauf vereinbar? *Notker Wolf:* In welches Kloster ich auch immer komme, ich nehme dort am normalen Tagesablauf teil. Ansonsten versuche ich, die Gebetszeiten für mich einzuhalten, wie sie vorgegeben sind, zum Beispiel wenn ich im Flugzeug sitze. Das Gebet ist für mich wichtig, da ich so zurückkehre zum Kern meiner Existenz und mich mit Gott austausche. Ihm fühle ich mich auch verantwortlich. Strukturmäßig ist der Heilige Vater mein Vorgesetzter als oberster Repräsentant der Kirche. Dieser wiederum hat ja seine sogenannten Kongregationen, in etwa den Ministerien vergleichbar. Darunter gibt es auch eine Kongregation für die Ordensleute. Ansonsten kann man es auch so sehen: «Die Mönche müssen einem gehorchen, nämlich dem Abt, und der Abt muss vielen gehorchen!» Indem man dem Oberen gehorcht, gehorcht man auch Gott, so ist das zu verstehen.

92. Sind die Ordensgelübde noch zeitgemäß? *Notker Wolf:* Die Gelübde sind absolut zeitgemäß (siehe auch Frage 12). Sie bedeuten eigentlich, frei zu sein von Abhängigkeiten, und das ist ja die eigentliche Verwirklichung, dass der Mensch zu einem selbständigen, freien Wesen wird. Dies heißt natürlich nicht, dass er ohne Bindung sein soll. Sondern er soll sich befreien von vielen Trieben, zum Beispiel Besitzstreben, Ehrgeiz, Neid, Habsucht bis hin zu Sexualität, zu übermäßigem Essen und Schlafen. Das sind ja alles Naturtriebe, und die müssen kanalisiert werden. Der Gehorsam ist für mich das entscheidendste der drei Gelübde, nämlich die totale Hingabe an Gott. Und Gott will mein Bestes, er nimmt mich sehr ernst, dafür hat er mich ja geschaffen. Die Gebote Gottes sind eine Wegweisung für mich, eine Hilfe und keine Unterdrückung.

Als Führungskraft im Ordensbereich hat man die Aufgabe, die

Wünsche des Einzelnen in das Ganze einzubinden. Der Abt lebt ja mit und für die Gemeinschaft. Und eine Gemeinschaft braucht jemanden, der sie zusammenhält, sonst zerfällt sie, das ist eine ganz natürliche Angelegenheit. Das ist heute für die Oberen etwas schwieriger geworden, aber das ist für alle Führungskräfte so. Früher hat man eher etwas angeordnet, heute muss das im Dialog mit dem Einzelnen passieren. Aber letzten Endes muss der Einzelne auch heute noch bereit sein zum Gehorsam.

93. Was versteht Notker Wolf unter Spiritualität? *Notker Wolf:* Das ist heute ein moderner, zum Teil sehr verwaschener Begriff. Christliche Spiritualität ist die Ausrichtung am Evangelium, die Nachfolge Christi, die für jeden Menschen gilt, ernst zu nehmen und sich von Gott leiten zu lassen. Spiritualität kommt ja eigentlich von «spiritus», vom Heiligen Geist, und das würde bedeuten, sich vom Heiligen Geist leiten zu lassen. Ich versuche, Spiritualität zu leben, indem ich der Regel Benedikts folge, die den ganzen Tageslauf bestimmt. Wichtig ist, sich als Geschöpf Gottes wahrzunehmen und sich nicht zu sagen: «Ich bin der große Macher.» Ich selber bin gar nicht so wichtig. Wenn die Menschen in dieser Welt sich nicht immer so wichtig nähmen, dann gäbe es weniger Krieg und mehr Frieden.

94. Gibt es im Kloster das Burn-Out-Syndrom? *Notker Wolf:* Das gibt es durchaus. Je nachdem, welchen Beruf der Einzelne im Kloster ausübt, beispielsweise als Cellerar oder Lehrer, kann es sein, dass er überfordert wird, wenn er der Überlastung nicht rechtzeitig Einhalt gebietet. Es gibt ja gerade für Ordensmenschen das Problem, wie man mit allen modernen Möglichkeiten, die man auch hinter Klostermauern hat, umgehen soll. Ich denke da zum Beispiel an die Nutzung moderner Medien. Es stellt sich manchmal die Frage, wie man da noch sein Ordensideal leben und erhalten kann. Es gibt kaum noch eine wirkliche Klausur, die Leute rufen einen zu jeder Zeit an oder schreiben rund um die Uhr E-mails. Die Klostermauern sind gläsern geworden. Es gibt Orden, wie die Kartäuser, die sich total abschotten und zurückziehen, das ist eine Möglichkeit. Die Benediktiner waren aber immer in der Gesellschaft auch für die Gesellschaft da. Da fällt es manchmal schwer, sich nicht vereinnahmen zu lassen von dem, was ringsherum passiert.

95. Wie kann man als Führungskraft im Orden entspannen? *Notker Wolf:* Ich kann dies beispielsweise durch die betende Lesung der Heiligen Schrift, durch meine «lectio divina», indem ich die Texte jeden Tag durchmeditiere. Ich nehme mir nach dem Mittagessen, nach meiner kurzen Siesta, erst einmal die Heilige Schrift zur Hand. Abends höre ich Musik. Wichtig ist auch die Freude am gemeinsamen Leben mit den Mitbrüdern. Das ist für mich so, wie wenn man mit der Familie zusammen wäre.

Entstressen kann ich auch im Urlaub, den ich bei Freunden verbringe. Ich gehe sehr gerne in die Berge oder auch ans Meer, weil ich gerne schwimme. Und gerade dann habe ich mal Zeit, länger zu lesen, beispielsweise das Alte Testament. Ich lese dann auch Unterhaltungslektüre. Aber die Gespräche mit den Freunden sind genauso wichtig. Um beweglich zu bleiben, mache ich in der Früh ein wenig Gymnastik.

96. Welche Bedeutung hat Musik im Klosterleben? *Notker Wolf:* Musik ist für mich ein Ausdruck des Herzens, wo die Sprache nicht mehr reicht. Sie ist ein Ausdruck von Stimmungen wie Freude, auch vielleicht mal Trauer. Und es ist eine internationale Sprache, die überall verstanden wird. Wenn ich auf diesen internationalen Versammlungen bin, erwarten die Leute, dass ich an einem Abend auch etwas auf der Querflöte vortrage. Ich übe fast täglich, da man als Musiker ständig in Übung bleiben muss. Ich spiele auch E-Gitarre in einer Rockband, die aus ehemaligen Schülern des Gymnasiums Sankt Ottilien hervorgegangen ist. Hin und wieder treten wir zusammen auf, aber ich habe nicht so viel Zeit dafür. Vor einem großen Publikum zu spielen, macht natürlich sehr viel Freude.

97. Ist das Ordensgewand für den Abtprimas wichtig? *Notker Wolf:* Das Ordensgewand ist meine normale Kleidung. Ich trage es natürlich im Kloster, lege es allerdings dort auch mal ab, wenn es im Sommer zu heiß wird. Bei Reisen trage ich Zivil, weil es einfach praktischer ist, wenn man mit zwei Koffern beispielsweise im Flugzeug unterwegs ist. Das ist ganz normal und auf solchen Reisen auch eine Sicherheitsfrage, da man mit dem Habit auf den engen Treppen auch mal ins Stolpern kommen kann. Ich verzichte nicht deshalb auf Reisen auf das Ordensgewand, weil ich nicht erkannt werden möchte. Die Leute erkennen mich auch ohne Habit. Ich werde überall angesprochen.

98. Wie kann man als Ordensmann, der durch die Medien bekannt ist, mit Popularität umgehen? *Notker Wolf:* Die Leute kommen auf mich zu, und ich freue mich, wenn ich mit Menschen reden kann. Manchmal ist es natürlich belastend, wenn ich im Flugzeug arbeiten möchte und es verwickelt mich jemand während des ganzen Flugs in ein Gespräch. Aber Gespräche sind ja immer auch bereichernd. Über meine Auftritte in den Medien mache ich mir überhaupt keine Gedanken. Die Menschen möchten etwas wissen, und dann sollen sie auch eine Antwort bekommen. Die Kirche gehört den Menschen, sie gehört zur Gesellschaft, dann soll sie auch in den Medien präsent sein.

99. Ist der Mangel an Ordensnachwuchs ein Problem? *Notker Wolf:* Einmal gibt es in der Gesellschaft selbst ja immer weniger Nachwuchs. Woher sollen wir noch Nachwuchs bekommen, wenn in unserer Gesellschaft keine Kinder mehr geboren werden? Oder wenn zum Beispiel in einer Familie nur ein Sohn da ist, kann man sich vorstellen, wie die Eltern reagieren, wenn dieser in einen Orden eintreten möchte, aber eigentlich beispielsweise das elterliche Unternehmen weiterführen sollte. Ein Kloster spiegelt auch die demographische Situation einer Gesellschaft wider. Aber es gibt ja heute durchaus Novizen, viele Klöster haben Nachwuchs, aber eben nicht mehr in der Anzahl wie zu der Zeit, in der ich ins Kloster eingetreten bin.

Wir zentral in Rom rekrutieren keinen Nachwuchs, dies ist Aufgabe der einzelnen Klöster. Dabei gibt es beispielsweise Einrichtungen wie «Kloster auf Zeit» oder auch Jugendarbeit und die Webseiten der einzelnen Klöster oder der übergreifenden Ordenseinrichtungen.

Die Ehelosigkeit ist ein großes Problem, weil sich die jungen Leute heute sehr früh sexuell binden und dann gar nicht mehr frei sind. Wie diese Entwicklung weitergehen wird, ist heute noch gar nicht absehbar.

100. Haben Orden überhaupt noch Zukunft? *Notker Wolf:* Orden verkörpern immer die Nachfolge Christi, und das ist eine Berufung. Die Zukunft hängt nicht am Menschen, sondern an Gott. Gott gibt die Zukunft. Vielleicht gibt es dann andere Ordensformen oder andere Bewegungen, ich habe nicht den Eindruck, dass das Interesse an Religion verloren geht. Menschen suchen doch sehr stark nach dem Sinn des Lebens und finden zum Teil im Christentum Halt. Das müssen die Leute erleben und erfahren.

101. Welche Aufgaben haben Orden heute? *Notker Wolf:* Ein Stück Wegweisung, dass das menschliche Leben sich nicht erschöpft im Konsum und nicht nur auf unser irdisches Dasein beschränkt sein soll. Manches, was in unserer Gesellschaft als besonderer Wert dargestellt wird, sollte doch durch das Ordensleben hinterfragt werden, zum Beispiel das sich Verwirklichen durch Besitz, Karriere und Sexualität. In dieser Hinsicht stellen die Orden einiges in Frage. Zufriedenheit entsteht nicht dadurch, dass ich eine Menge besitze, sondern dass ich möglichst wenig brauche. Benediktinerklöster sind da Kristallisationspunkte für Menschen, die auf der Suche sind. Es kommen ja sehr viele in unsere Klöster zu Exerzitien oder auch privat. So eine Gemeinschaft zieht einfach an, gerade junge Menschen. Diese sehnen sich nach Gemeinschaft. Die Liturgie zieht an. Im Ordensleben wird deutlich, dass wir eine Beziehung zu Gott haben, die in den Klöstern eine Form annimmt. Sie spricht die Menschen nicht nur im Hinblick auf die Ästhetik an, sondern von der ganzen Existenz her. Wir sollten uns als Ordensleute einmischen in die Gesellschaft, denn wir sind ja ein Teil von ihr. Wir sind keine Politiker, aber wir haben vom Evangelium her Prinzipien, die wir weder verschweigen müssen noch dürfen.

Dank

Für hilfreiche Informationen und Hinweise möchte ich mich ganz herzlich bedanken bei Pater Aurelian Feser OSB, Prior des Klosters Jakobsberg in Ockenheim bei Bingen, sowie bei Arnulf Salmen im Haus der Orden, Bonn. Abtprimas Dr. Notker Wolf danke ich dafür, dass er sich meinen Fragen gestellt und mir einen Einblick in den Alltag eines Ordensoberen gewährt hat.

Text- und Bildnachweis

Die Klosterrezepte auf den Seiten 73–77 wurden mit freundlicher Genehmigung des Don Bosco Verlags folgenden Büchern entnommen: Petra Altmann: Gesunde Ernährung aus dem Kloster, © Don Bosco Verlag, München 2008, sowie Petra Altmann: Backen in der Klostertradition, © Don Bosco Verlag, München 2009.

Die Abbildungen sind der Zeitschrift *stadtgottes* der Steyler Missionare aus den Jahren 1878 bis 1880 entnommen. Ich danke ganz herzlich der Redaktion der Zeitschrift, die mir die Motive zur Verfügung gestellt hat.

Die drei Grundrisse auf den Seiten 20, 26/27 und 82 stammen aus dem Band: Hermann und Anna Bauer: Klöster in Bayern. Eine Kunst- und Kulturgeschichte, München: C.H.Beck 1985, S. 11, 18, 235.

Literaturhinweise

Statistische Zahlen zu Ordensmitgliedern und Ähnlichem wurden der Statistik des Hauses der Orden der Deutschen Ordenskonferenz (Stand 31. Dezember 2009) entnommen.

Altmann, Petra: Heilfasten nach der Klostermethode, München 2008

–: Wohlfühltipps aus dem Kloster, München ^{2}2009

–: Wie Mönche und Nonnen leben, Münsterschwarzach 2009

– / Odilo Lechner: Leben nach Maß – die Regel des heiligen Benedikt für Menschen von heute, Freiburg 2009

Grün, Anselm / Petra Altmann: klarheit, ordnung, stille – Was wir vom Leben im Kloster lernen können, München 2007

Feld, Helmut: Franziskus von Assisi, München 2007

Hartmann, Peter C.: Die Jesuiten, München ^{2}2008

Heim, Manfred: Von Ablaß bis Zölibat. Kleines Lexikon der Kirchengeschichte, München 2008

Schütz, Christian / Philippa Rath: Der Benediktinerorden. Gott suchen in Gebet und Arbeit, Kevelaer 2009

Schwaiger, Georg: Mönchtum, Orden, Klöster. Von den Anfängen bis zur Gegenwart. Ein Lexikon, München 2003

Schwaiger, Georg / Manfred Heim: Orden und Klöster. Das christliche Mönchtum in der Geschichte, München 2008

Wolf, Notker: Gönn dir Zeit. Es ist dein Leben, Freiburg 2009

–: Regeln zum Leben: Die Zehn Gebote – Provokation und Orientierung, Freiburg 2008

Die 101 wichtigsten Fragen

Johann Hinrich Claussen
Die 101 wichtigsten Fragen – Christentum
3. Auflage. 2007. 150 Seiten mit 12 Abbildungen. Paperback
Beck'sche Reihe Band 1676

Andreas Brämer
Die 101 wichtigsten Fragen – Judentum
2010. 155 Seiten mit 11 Abbildungen. Paperback
Beck'sche Reihe Band 7024

Ursula Spuler-Stegemann
Die 101 wichtigsten Fragen – Islam
2., durchgesehene Auflage. 2009. 149 Seiten. Paperback
Beck'sche Reihe Band 7005

Stefan Rebenich
Die 101 wichtigsten Fragen – Antike
2., durchgesehene Auflage. 2008. 160 Seiten mit 12 Abbildungen und 2 Karten. Paperback
Beck'sche Reihe Band 1689

Claudia Märtl
Die 101 wichtigsten Fragen – Mittelalter
3. Auflage. 2009. 159 Seiten mit 20 Abbildungen. Paperback
Beck'sche Reihe Band 7002

Annette Kreutziger-Herr, Winfried Bönig
Die 101 wichtigsten Fragen – Klassische Musik
In Verbindung mit Tilmann Claus und Gerald Hambitzer
2009. 160 Seiten mit 16 Abbildungen, 1 Orchesterskizze und 1 Epochenübersicht im Text. Paperback
Beck'sche Reihe Band 7016

Verlag C. H. Beck München